FORGING

FORJANDO IDENTIDAD

IDENTITY

THE URBAN MINISTRY INSTITUTE, A MINISTRY OF WORLD IMPACT, INC.

FORGING IDENTITY

DESTROYING STRONGHOLDS, FORMING CHRISTLIKENESS

TUMI Satellite Summit 2017

TUMI Press
3701 East Thirteenth Street North
Wichita, Kansas 67208

Table of Contents

Letter from the Director

Greetings, dear friends and fellow warriors, in the strong Name of Jesus Christ!

On behalf of our entire TUMI team, I welcome you to Wichita, the home of TUMI's international headquarters, and the seat of our World Impact Midwest Regional Ministry. Our network now represents 256 satellites in 17 countries, with church-based seminary sites in numerous prisons, ministries, and churches. Indeed, the Lord is raising up an army of equipped, qualified spiritual laborers, and your contribution is both critical and praiseworthy.

This year we focus on the theme of *Forging Identity: Destroying Strongholds, Forming Christlikeness*. We hope to explore together the idea of cultivating a Christ-centered frame of reference. We greatly desire every TUMI mentor, student, and volunteer to learn the disciplines of combating the lies of the enemy that seek to undermine their position in Christ, and we want to coach you and all our summiteers on the practical methods of nurturing this identity. We must integrate the three-fold biblical injunction on identity in all our training: to put off the old man, to be renewed in the spirit our minds, and to put on the new man (Eph. 4.20-24). In other words, we must learn how to train our students to demolish strongholds of lies, take their thoughts captive to Christ, and punish disobedience by defending themselves against the enemy's lying tactics (Rom. 12.1-2; 2 Cor. 10.3-5).

This year's theme will be informed by scenes from the movie, *Glory*, the 1989 American epic war film based on the personal letters of Colonel Robert Gould Shaw, the commander of the 54th Massachusetts Volunteer Infantry. *Glory* depicts the 54th, one of the first military units of the Union Army during the American Civil War comprised entirely of African-American men (excluding the officers, who were all white). At a time when these African-American soldiers were not even considered fully human, this company forged an identity as one of the Civil War's most heroic regiments, especially for their deeds done at Fort Wagner. Their ability to affirm their fundamental personhood in the face of vicious denial mirrors the challenge of many of our TUMI students today, and their valor inspires any who listen to forge identity in a hostile world.

Our plenaries, workshops, and interactions will build on this theme of forging identity, and our prayer is that God will enrich you greatly during this time. Let's learn together as friends and colleagues, being challenged through our times of worship, teaching, fellowship, and networking. Our sole desire is that your time here will both bless and refresh you, in every way.

Your needs are important to us, so please do not hesitate to ask any of our TUMI staff for help on any concern you may have. It is our pleasure serve you this weekend. Welcome to Wichita and to our *Forging Identity* Summit 2017. May Christ meet us here and encourage our hearts to function as his empowered team, working together for kingdom advance.

Forging Identity through the Truth in Christ,

Rev. Dr. Don L. Davis
Executive Director, The Urban Ministry Institute

Our Core Values

As an evangelical ministry to the city, The Urban Ministry Institute seeks to integrate its spiritual formation, projects, and ministries around a set of deeply held values that direct our efforts and shape our commitments. The following concise list represents the core values that we prize, those commitments and insights which enable us to pursue our goals and take advantage of our opportunities. Together, they represent a clear snapshot of our most deeply cherished truths, those ideas which inform and direct our actions and outreaches here.

The Calling of God
We do all we do fully assured that God is at this very moment calling, gifting, and anointing men and women in the city to represent his interests there, and are convinced that these chosen city leaders will be the vessels through whom he advances his Kingdom.

The Kingdom of God
We are burdened to see the freedom, wholeness, and justice of the Kingdom of God embodied, celebrated, and proclaimed in church communities who show visibly what the "Rule of God" looks like when it is embraced by people who acknowledge Christ's lordship.

The Centrality of the Church
We hold deeply the conviction that effective ministry takes place in the body of Christ, the agent of the Kingdom, where we facilitate the multiplication of healthy, reproducing urban churches, especially among the poor.

The Power of Community
We share a passion to employ innovative distance education programming to create and outfit a network of training centers in urban areas that provide excellent, affordable, and spiritually dynamic ministry education that is sensitive to urban culture.

God's Election of the Humble
We possess a certitude that God has chosen those who are poor in the eyes of this world to be rich in faith and to inherit the Kingdom which he promised to those who love him (James 2.5).

The Standard of Excellence

We are held by the consuming belief that all effective, credible leadership development demands the requisite formality and rigor of disciplined excellence, with a flat refusal to be remedial or second-class.

The Explosiveness of Multiplication

We are zealous to facilitate and empower urban church planting movements that share a common spirituality, express freedom in cultural expression, and strategically combine their resources to reach and transform the cities of America and the world.

Conference Details

Phones
Please turn off your cell phones when you enter the Ballroom, as well as during any of the workshops you attend.

Schedule
You will find the Summit Schedule on page 14 of this booklet.

Conference Wireless Access
There is full free wireless guest access to Wi-Fi.

Snacks
Please enjoy the snacks provided in your "Rations Box" in your room. We were permitted by the hotel to provide you with these tasty treats only if we guaranteed that you would not eat them in public areas. (A small price to pay for such luxury, don't you think?)

If you wish to purchase additional snacks, vending machines are available throughout the hotel.

Meals
Your conference fees cover your expenses for Friday supper through lunch on Sunday (see schedule for meal times).

If you would like something in addition to your meals, you are free to purchase meals or light snacks from "Legends" Restaurant or Lounge. They have the following hours:
- Legends Restaurant:
    7:00 a.m. - 2:00 p.m. and *5:00 p.m. - 10:30 p.m.*
- Legends Lounge:
    2:00 p.m. - midnight

Hotel Information
TUMI will pay for your room. However, all other expenses (e.g., movie rentals, room service) must be billed to you personally, paid for by your personal credit card. Do not charge these extra expenses to your room! (Please be aware: we know where you live!)

The hotel provides:
- Complimentary Wi-Fi
- Heated indoor swimming pool
- Whirlpool
- Fitness center
- Business center (fully equipped with fax, photocopying, and printer access)

Checkout time on Sunday is 1:00 p.m. Shuttles will be running to the airport frequently from the main hotel entrance. See Lisa Entz if you have any questions.

Map
Hotel first floor layout: There is a map of the hotel on page 13 of this booklet.

TUMI facilities: For those taking the tour, there will be maps available on site at TUMI's facilities.

Summit Workshops
Please refer to the flier in your folder for workshop titles and descriptions, times and locations.

Free Time
Saturday afternoon from 4:30-6:00 is an open time for all conferees.

TUMI Site Visit
For those who registered for the Tour of TUMI's facilities, please plan to load the bus on Saturday at 4:25 p.m. The bus will be located directly outside of the North Entrance (by Emerald Ballroom). We will depart for TUMI at 4:30 p.m. and return at 5:50 p.m., just in time to enjoy a delicious supper.

TUMI Resource Display
Our display presents many of our available resources. While you may purchase a few of these products at the Summit, all of our resources are available for purchase on our website at your convenience. Check out our display, which is located in the hallway by the Emerald Ballroom.

TUMI Store
We will be selling a few select TUMI products during the Summit. These will be on sale outside the Ballroom on Saturday from 4:30-5:30 PM, and from 8:30-9:30 PM.

Transportation

Lisa Entz is coordinating travel here in Wichita. Please contact her if you have any questions. Her cell number is (316) 208-6765.

Group Photo

During the Summit, we will take a large group photo. It will be available on our website after the conference (visit *www.tumi.org/summit2017*).

Summit Evaluation Form

Please give us feedback! After the Summit, you could help us greatly by completing our online Summit Evaluation Form which can be found at: *www.tumi.org/summiteval*.

Summit 2017 Resources

Within three weeks after the Summit, we hope to upload the following at *www.tumi.org/summit2017*:

- the recorded video from the three plenaries and the TUMI International time on Saturday
- all of the audio teaching from the workshops
- pictures from our time together
- lead sheets of the songs we sang that were written by Dr. Davis

Video Resources: *TUMI.org/vimeo*

Visit this page for resources for Site Coordinators, teachings on the Great Tradition and our Sacred Roots, SIAFU Information, seasonal prayer themes by Church Year season, and live recordings from the Mo' Power Men's Conference (specific teachings on fighting against the enemy's lies and testifying to the deliverance of the Lord: *The Power to Be Delivered*; *The Power to Overcome*; and *The Power to Testify*).

Our Contact Information

Address: The Urban Ministry Institute
                3701 E. 13th Street
                Wichita, KS 67208

Web Site: *www.tumi.org*
Phone: (316) 681-1317 ext. 314
Fax: (316) 681-1318

Our Contact Information, continued

Address: Don Allsman
World Impact, Inc.
2001 S. Vermont Ave.
Los Angeles, CA 90007

Phone: (323) 735-1137 ext. 325
Fax: (323) 735-2576

TUMI Staff E-mail Addresses

Rev. Dr. Don L. Davis: dondavis@tumi.org
Rev. Don Allsman: dallsman@worldimpact.org
Cathy Allsman: callsman@worldimpact.org
Beth Davis: bdavis@tumi.org
Daniel Davis: danieldavis@tumi.org
Gustavo Delgado: GDelgado@worldimpact.org
Bob Engel: bengel@worldimpact.org
Bobby Gilmer: bobbyg@tumi.org
Carolyn Hennings: chennings@tumi.org
Dan Hennings: dhennings@tumi.org
Tim Ladwig: timladwig@sbcglobal.net
    (website: *www.TimLadwig.com*)
Andrew Lee: alee@tumi.org
Brian Luke: bluke@tumi.org
Denise Luke: dluke@tumi.org
Lorna Rasmussen: Lorna@tumi.org
Harold Roesler: hroesler@worldimpact.org
Bob Stevenson: bobs@worldimpact.org

TUMI National Staff E-mail Addresses

Ryan Carter: rcarter@worldimpact.org
Mike Dicke: denvertumi@gmail.com
Rev. Rich Esselstrom: resselstrom@worldimpact.org
Mary Flin: maryflin@hotmail.com
Juan Pablo Herrera: jpherrera@worldimpact.org
Dr. Robert Lay: blay@worldimpact.org
Dr. Hank Voss: hvoss@worldimpact.org
Brad Welles: coinsworthsaving@gmail.com

DoubleTree
BY Hilton Hotel
Wichita Airport

2098 Airport Road
Wichita, Kansas 67209

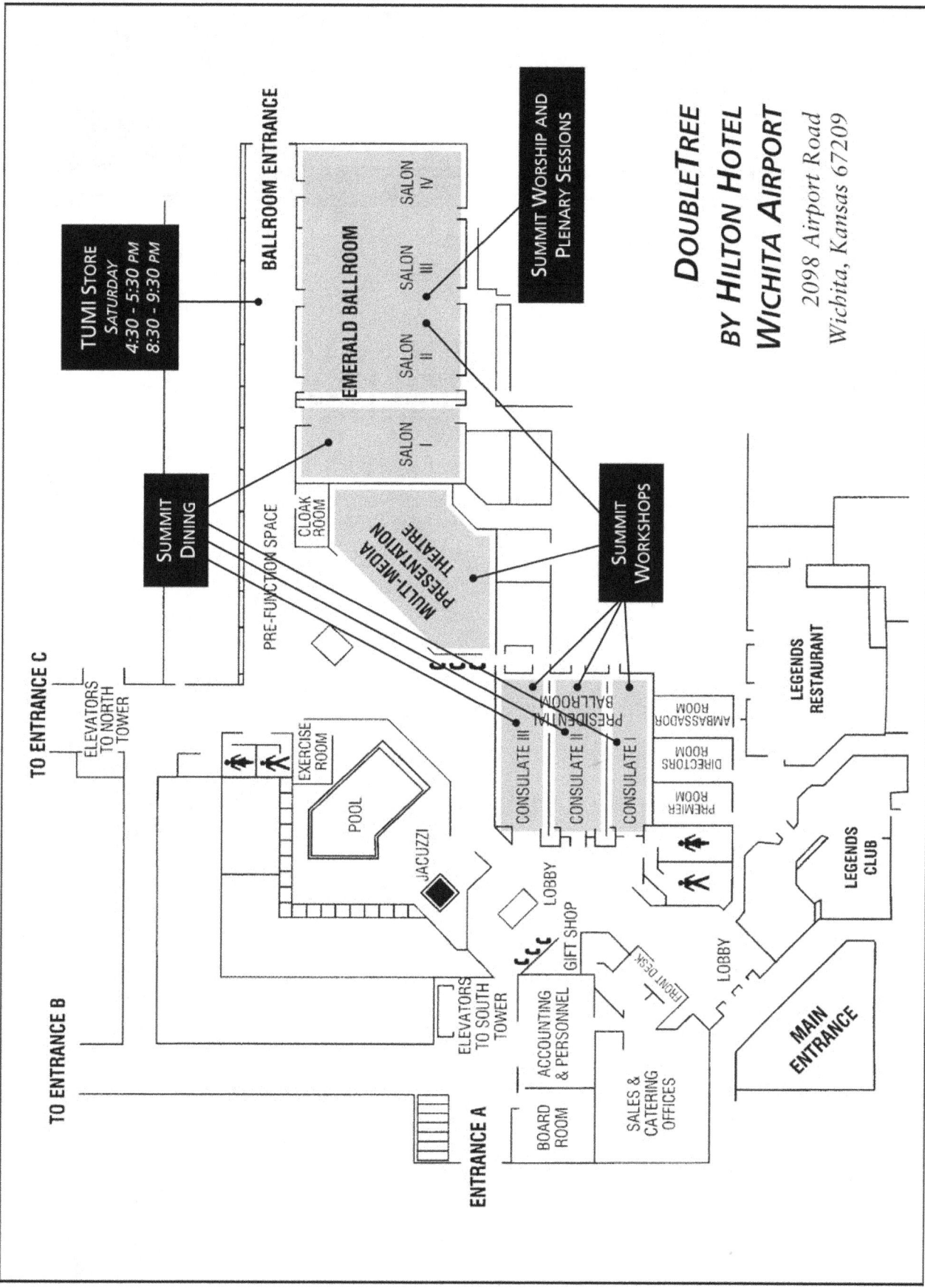

TUMI Store
Saturday
4:30 - 5:30 PM
8:30 - 9:30 PM

BALLROOM ENTRANCE

Summit Worship and Plenary Sessions

SALON IV

SALON III

EMERALD BALLROOM

SALON II

SALON I

Summit Dining

CLOAK ROOM

PRE-FUNCTION SPACE

MULTI-MEDIA PRESENTATION THEATRE

Summit Workshops

CONSULATE III

CONSULATE II

PRESIDENTIAL BALLROOM

CONSULATE I

AMBASSADOR ROOM

DIRECTORS ROOM

PREMIER ROOM

LEGENDS RESTAURANT

LEGENDS CLUB

TO ENTRANCE C

ELEVATORS TO NORTH TOWER

EXERCISE ROOM

POOL

JACUZZI

LOBBY

GIFT SHOP

FRONT DESK

LOBBY

TO ENTRANCE B

ELEVATORS TO SOUTH TOWER

ACCOUNTING & PERSONNEL

SALES & CATERING OFFICES

BOARD ROOM

ENTRANCE A

MAIN ENTRANCE

FORGING IDENTITY

TUMI SATELLITE SUMMIT 2017
CONFERENCE SCHEDULE

	FRIDAY, February 10	SATURDAY, February 11	SUNDAY, February 12
7:00 - 8:15	**Travel** Delegates arrive	Breakfast	Breakfast
8:30 - 9:15		**Worship**	**Worship and Communion**
9:15 - 9:30		Break	
9:30 - 10:30		**Plenary 2 • Smith** *The Re-Made Mind and the Transformed Life*	Break
			9:45 • **Plenary 3 • Davis** *Learning to Fly: God's Formula for Forging Identity*
10:30 - 10:45		Break	
10:45 - 11:30		**TUMI International Highlights** Group Photo	11:00 AM • Lunch *Summit Concludes Room Checkout: 1:00*
11:50 - 12:30		Lunch	
1:00 - 2:15	Registration/Check-in	**Workshop Session 1**	**Travel** Delegates free to depart after lunch
2:15 - 2:30		Break	
2:30 - 3:45	3:30 • **Worship**	**Workshop Session 2**	Those traveling by air: Take shuttle to airport
4:15 - 6:00	**Summit Overview • Davis** Break **Plenary 1 • Allsman** *Unleashing Abundance for Christ*	**Free Time** - or - **TUMI Store** - or - **TUMI Site Tour** (bus departs from North Door at 4:30)	
6:00 - 6:45	Dinner	Dinner	
6:45 - 7:00	Break	Break	
7:00 - 10:00	7:00 • **Intros/Orientation** 8:15 • **Networking Time**	7:00 • **Concert of Prayer** 8:30 • **Networking/TUMI Store**	
10:00	Ballroom closes at 10:00 *(Please do not leave personal belongings in the ballroom overnight)*	Ballroom closes at 10:00 *(Please do not leave personal belongings in the ballroom overnight)*	

PLENARIES

Unleashing Abundance for Christ

Rev. Don Allsman

I. Because of the Enemy, We Are Bombarded by Confusion.

   A. What we believe dictates what our body does.

   B. The enemy presents thoughts and feelings raised against the knowledge of God.

      The thief comes only to steal and kill and destroy (John 10.10).

   C. When we believe the enemy's lies, a stronghold is created.

II. Because of Christ, We Have Abundant Potential.

   A. Jesus offers life-giving truth to counter toxic lies.

      The thief comes only to steal and kill and destroy. I came that they may have life and have it abundantly (John 10.10).

      The water that I will give him will become in him a spring of water welling up to eternal life (John 4.14).

   B. We are the instruments that Christ chooses to use to dispense his grace.

   C. In order for us to become effective vessels of abundance, we have to be forged.

III. Because of the Holy Spirit, We Have Weapons for Our Warfare

For though we walk in the flesh, we are not waging war according to the flesh. For the weapons of our warfare are not of the flesh but have divine power to destroy strongholds. We destroy arguments and every lofty opinion raised against the knowledge of God, and take every thought captive to obey Christ, being ready to punish every disobedience, when your obedience is complete (2 Cor. 10.3-6).

A. We are at the nexus of a cosmic battle that is not primarily about us.

B. We wage war with weapons of divine power, not the flesh.

C. The Holy Spirit equips us by forging our identity into the likeness of Christ.

   Acts 1.8, Eph. 4.13, Gal. 5.19-23, John 14.17-26, 16.13-14, James 3.17-18, Eph. 6.14-18

IV. Because of Our Cooperation, We Can Forge Identity.

A. Strongholds are formed in your brain by what you believe.

B. Strongholds can be demolished in your brain by what you believe.

C. Thoughts can be taken captive (detained) in your brain by what you believe.

V. Because Enemies Will Return, We Must Defend Against Vanquished Foes.

    A. Despite demolishing and detaining, the enemy will return at an opportune time.

    B. We learn from the example of Jesus.

    C. To forge identity, we demolish the past, detain the present, and defend the future.

VI. As We Forge Identity, We Unleash His Abundance.

    A. We all play our roles as we recognize lies and counter with truth.

    B. We don't have to be victims, but we can take control of our thoughts.

    C. We can also help others forge their identity in Christ.

       And we all, with unveiled face, beholding the glory of the Lord, are being transformed into the same image from one degree of glory to another. For this comes from the Lord who is the Spirit (2 Cor. 3.18).

Forge Identity, Unleash Abundance!

References

Leaf, Dr. Caroline. *Switch on Your Brain: The Key to Peak Happiness, Thinking, and Health*. Grand Rapids: Baker Books, 2013.

Crabb, Dr. Larry. *Connecting: Healing Ourselves and Our Relationships*. Nashville, TN: W. Publishing Group, 1997.

Backus, William, and Marie Chapian. *Telling Yourself the Truth: Find Your Way Out of Depression, Anxiety, Fear, Anger, and Other Common Problems by Applying the Principles of Misbelief Therapy*. Bloomington, MN: Bethany House Publishers, 1980, 1981, 2000.

Anderson, Neil T. *Victory over the Darkness: Realize the Power of Your Identity in Christ*. Grand Rapids, MI: Bethany House Publishers, 2000, 2013.

The Re-Made Mind and the Transformed Life

Rev. Efrem Smith

Main Text: Romans 12.1-16

Intro: "Woke Up This Morning with My Mind Stayed on Jesus"

    A. How renewed thinking has empowered the poor and oppressed

    B. New identity through supernatural belief

Transition Point

The Church in the first century had to have a powerful and dynamic thinking in order to make disciples and plant churches in the face of daunting opposition.

I. The Mind to Live a Transformed and Spiritual Life (verses 1-2)

Rom. 12.1-2 – I appeal to you therefore, brothers, by the mercies of God, to present your bodies as a living sacrifice, holy and acceptable to God, which is your spiritual worship. [2] Do not be conformed to this world, but be transformed by the renewal of your mind, that by testing you may discern what is the will of God, what is good and acceptable and perfect.

    A. My whole being as worship

    B. Being liberated from being captive to this world

    C. Renewed thinking to stand the test(s)

II. The Mind to Pursue Unity and Advance God's Kingdom (verses 3-8)

Rom. 12.3-8 – For by the grace given to me I say to everyone among you not to think of himself more highly than he ought to think, but to think with sober judgment, each according to the measure of faith that God has assigned. [4] For as in one body we have many members, and the members do not all have the same function, [5] so we, though many, are one body in Christ, and individually members one of another. [6] Having gifts that differ according to the grace given to us, let us use them: if prophecy, in proportion to our faith; [7] if service, in our serving; the one who teaches, in his teaching; the one who exhorts, in his exhortation; [8] the one who contributes, in generosity; the one who leads, with zeal; the one who does acts of mercy, with cheerfulness.

A. How I think about myself

B. How I think about others

C. How we think together

III. The Mind to Develop the Beloved Community and a Reconciling Church (verses 9-16)

Rom. 12.9-16 – Let love be genuine. Abhor what is evil; hold fast to what is good. [10] Love one another with brotherly affection. Outdo one another in showing honor. [11] Do not be slothful in zeal, be fervent in spirit, serve the Lord. [12] Rejoice in hope, be patient in tribulation, be constant in prayer. [13] Contribute to the needs of the saints and seek to show hospitality.

[14] Bless those who persecute you; bless and do not curse them. [15] Rejoice with those who rejoice, weep with those who weep. [16] Live in harmony with one another. Do not be haughty, but associate with the lowly. Never be wise in your own sight.

A. Our collective minds bringing about compassion, mercy, and justice

Close: Putting Our Minds to Multiplying Disciple Makers

Learning to Fly: God's Formula for Forging Identity

Rev. Dr. Don L. Davis

Introduction

How do you learn to fly when all you've known is digging in the dirt? Hear the oft-told tale of the Eagle and the Chickens.

A fable is told about an eagle who thought he was a chicken. When the eagle was very small, he fell from the safety of his nest. A chicken farmer found the eagle, brought him to the farm, and raised him in a chicken coop among his many chickens. The eagle grew up doing what chickens do, living like a chicken, and believing he was a chicken.

The healthy eaglet (baby eagle) was completely welcomed as an equal within the overall chicken society. He was adopted into a chicken family, acknowledged by his chicken step-brothers and sisters, and thought, believed, and acted as one of their own. He was well adjusted, growing up to be a fine representative of what a chicken should be and do.

He learned all the chicken habits, assumption, and culture, and enjoyed doing the things that chickens enjoy doing: he became a good clucker, he could cackle with the best of them, and though his beak was big (as well as his feet) he liked scratching in the dirt for grits and worms, juking his head around to scoop up seeds, flapping his wings furiously, rising a few feet, and then crash landing down to the ground with dust and feathers flying. He was imprinted with all things chicken, loving all chicken games, lounging at chicken hangouts, being afraid of chicken enemies, and setting chicken goals. He believed in his heart of hearts that he was a chicken, as did all his fellow chickens, who affirmed his chickenhood and total chickenicity.

Later in life, the eagle-who-believed-he-was-a-chicken looked up overhead and was surprised at that huge bird soaring speedily and with no effort on the wind currents with barely a beat of its wide wings. Looking at his fellow chickens, the older eagle asked, "What is that thing up there?!" "That's what they call an eagle," replied a nearby chicken. "That's what we call the 'King of the Birds.' It's not like us; it was born to fly and soar and hunt. We are birds of the ground, built to peck, and cluck, and cackle. It was made for the air, not like us, birds of the coop."

The old eagle-that-figured-it-was-a-chicken heard the explanation, accepted it, as he had all his life, and yet still – he felt a little funny about it. It seemed like he should be up there, too. All his friend and family chickens went back to clucking, pecking, and cackling, turning their eyes once more to the ground, digging in the dirt around the coop. The eagle-turned-chicken kept looking up, wondering why he felt so pulled to the big bird of the air.

The End?

TUMI's core business: empowering eagles-acting-like-chickens to shift their identities, and learn to fly again! (Eph. 4.20-24)

Plenary Summary

- *Teach the eagle that he's not and never was a chicken:*
  Put off the old man with its evil desires.

- *Disciple the eagle in God's design for eaglehood:*
  Be renewed in the spirit of your mind.

- *Challenge the eagle to start acting like one:*
  Put on the new man, created by God's likeness.

I. Step One: Put Off Your Old Self with Its Evil Desires.

Teach the eagle that he's not and never was a chicken.

Eph. 4.20-22 (ESV) – But that is not the way you learned Christ! – [21] assuming that you have heard about him and were taught in him, as the truth is in Jesus, [22] to put off your old self, which belongs to your former manner of life and is corrupt through deceitful desires

A. Defining the concept

Believers in Christ have heard the truth and have been taught the truth in Jesus which exhorts us to put off the identities, lifestyles, and perspectives of their "old self," who they were unsaved.

B. Unpacking the text

1. *Since we have believed, we now are rooted in a new direction and philosophy: we have learned Christ, vv. 20-21.*

2. *We have a new identity; we ought to "put off" (discard, snatch off, lay aside) our old identities which belong to our former manner of life, v. 22a.*

    a. Eph. 4.31 (ESV) – Let all bitterness and wrath and anger and clamor and slander *be put away from you,* along with all malice.

    b. Col. 3.8 (ESV) – But now you must *put them all away:* anger, wrath, malice, slander, and obscene talk from your mouth.

    c. Heb. 12.1 (ESV) – Therefore, since we are surrounded by so great a cloud of witnesses, *let us also lay aside every weight, and sin* which clings so closely, and let us run with endurance the race that is set before us

3. *Our old self, our previous unsaved identity, is corrupt through desires saturated in deceit, v. 22b.*

C. Generalizing the principle

As believers God has called us to live out a new identity in Christ that is completely different from our former manner of life (our pre-Christian past), i.e., our assumptions, under-standings, beliefs, and convictions.

1. The way we relate to our past: we are now *forgiven.*

2. The way we relate to our present condition: we now *belong to Christ, his Church, and his Kingdom.*

3. The way we relate to our future: we are called *to glorify God,* and *play our role* in his story

Adapted from
H. Norman Wright,
*Self-talk, Imagery,
and Prayer in
Counseling,* Waco
Texas, 1986,
pp. 66-68.

Deadly Habits of the Soul: Categorizing Our Distortions about Safety, Security, and Significance	
Filtering	Tunnel vision; looking at a situation through only one element
Polarized thinking	Looking at everything in extremes and absolute terms
Overgeneralization	Drawing big conclusions based on one incident or piece of evidence
Mind reading	Making huge, snap judgments about situations, people, or events
Catastrophizing	"Making mountains out of molehills"; amplifying "what ifs" into fretting
Personalization	Making everything, regardless of the subject or issue, about yourself
Emotional reasoning	"If you feel something deeply enough, then it simply must be true."
Blame-shifting	In the midst of any situation, others must be responsible for the problem.
Shoulds	Functioning by a set of inflexible rules or conditions which must be kept
Always right-ness	Most efforts in any exchange are your effort to prove that you are right

D. Making the connection to life and ministry

1. Effective discipleship and leadership development is essentially *identity formation.*

2. Identity formation flows from *the truth learned in Christ* (i.e., no truth in Christ, no lived-out new identity)

3. No sympathy allowed: every empowered leader is learning the importance of *putting off his/her pagan, pre-Christian identity* which was governed by lies and deceit.

All automatic thoughts with their specific messages and absolute terminologies of "must," "always," "never," "should," and "ought" that tend to "awfulize" the things we are facing must be recognized, rejected, and replaced!

· ·

"To know" is not a mere exercise of the head. Nothing is "known" until it has also passed over into obedience.

~ J. A. Motyer *Life Application Bible Commentary, Ephesians.* (Electronic edition).

· ·

Video Clip: "Tear it up!" – the assertion of full Union Army Identity

II. Step Two: Be Renewed in the Spirit of Your Mind

Disciple the eagle in God's design for eaglehood.

Eph. 4.23 (ESV) – and to be renewed in the spirit of your minds.

A. Defining the concept

Forging identity demands the putting off of the old identity with a constant renewal in the spirit of our minds, i.e., a monitoring of our inner conversation and assumptions evaluated by the truth we have learned in Christ.

B. Unpacking the text

1. The putting off of the old self *demands a constant renewal in the spirit of our minds*, v. 23

2. This renewal involves a *dual emphasis and activity:*

   a. We must *monitor our inner assumptions and judgments.*

   b. We must *test and weigh these assumptions* over against what we know and believe as the truth in Christ in the Scriptures.

C. Generalizing the principle

Our new identity in Christ must be continuously affirmed, defended, and emphasized. Because we have been conditioned to speak, think, act, and conduct ourselves consistent with *our previous manner of life*, we must learn how to think as new believers. (Eagles-conditioned-to-think-and-act-like-chickens must learn a new way of eagle thinking, i.e., the art of eagle attitude and self-talk.)

1. Recognize the power of *your former "habits of mind and soul"*: accept the need to monitor and test your inner conversation.

2. *Interview all suspicious characters; evict former life infiltrators.* (Learn how to detect and evaluate your hidden core assumptions about God, yourself, others, life, and the world, "the big five".)

3. *"Only new identity assumptions and attitudes need apply."* Begin restructuring your inner self talk with biblically based affirmations about yourself and your situation.

. . . .

It's like everyone tells a story about themselves inside their own head. Always. All the time. That story makes you what you are. We build ourselves out of that story.

~ Patrick Rothfuss, *The Name of the Wind*

. . . .

What if your self-told story is distorted, wrong, untrue?

What Kind of Sentences Do You Most Often Tell Yourself Inwardly?	
I'm dumb, and limited in what I can learn.	The Lord has granted me intelligence.
I am unattractive to myself and others.	Who I am is more than how I look.
People really don't like me.	I love people and make a great friend.
I don't have any real talents.	Thank you Lord for the talents you have given to me.
My current condition is miserable.	God is so gracious to me.
I'm lonely.	I am never alone or forsaken.
I'm poor, and will always be that way.	God is meeting my every need today.
I don't think I can take any more.	I can face every challenge with God's help.
I'm not a good person.	God now accepts me in his Son.
My health is always poor; I'm a sickly person.	Thank you for watching over my health.
I should avoid trying new things, lest I be embarrassed in front of others.	I can do anything the Lord demands of me, for he will help me.
Things are never gonna change; it will always be like this.	God is able to do anything in any situation. I will trust in him alone.
If people really knew my past, they would reject me right off the bat.	God has forgiven me of all my sins.
I should settle for less than my best.	I want to be all God wants me to be.

D. Making the connection to life and ministry

1. *Engage in self-observation*: become more aware of your self-talk, identify it, and learn how you react to and process your assumptions.

2. *Establish life disciplines to saturate your mind in the truth*: study, memorize, and meditate on the truth of your new identity in Christ.

3. *Be patient*: you have conditioned yourself in ways for years, give yourself time to think in new ways.

. . . .

The best way to show that *a stick is crooked* is not to argue about it or spend time denouncing it; the best way is simply to *lay a straight stick alongside it.*

~ D. L. Moody

. . . .

Video Clip: "We be men" – the testimonies of the soldiers at the pre-fight campfire.

III. Step Three: Put On the New Self Created after the Likeness of God

Challenge the eagle to start acting like one.

Eph. 4.24 (ESV) – and to put on the new self, created after the likeness of God in true righteousness and holiness.

A. Defining the concept

Forging identity demands that we put off the old self, renew the spirit of our minds, and that we *put on (i.e., to clothe oneself with) the new self, our new identity in Christ*, which God created after his own likeness and character.

B. Unpacking the text

1. Putting on the new self involves *speaking and acting in ways consistent with what God has said about you*: who you are, what you have, and to what you are called in Christ. (It is essentially about forming new habits of soul!) v. 24a

2. *God created this new identity "after his likeness," an identity that displays the righteousness and holiness of the Lord, v. 24b*

   a. Rom. 6.4 (ESV) – We were buried therefore with him by baptism into death, in order that, just as Christ was raised from the dead by the glory of the Father, we too *might walk in newness of life*.

   b. Rom. 7.6 (ESV) – But now we are released from the law, having died to that which held us captive, so that *we serve in the new way of the Spirit* and not in the old way of the written code.

   c. Rom. 12.2 (ESV) – Do not be conformed to this world, but be transformed by the renewal of your mind, that by *testing you may discern what is the will of God*, what is good and acceptable and perfect.

   d. 2 Cor. 5.17 (ESV) – Therefore, if anyone is in Christ, he is *a new creation*. The old has passed away; behold, *the new has come*.

    e. Col. 3.10 (ESV) – and have *put on the new self*, which is being renewed in knowledge after the image of its creator.

C. Generalizing the principle

We actualize the truth when we speak, act, and conduct ourselves in ways consistent with the truth. We live into our new identity in Christ when we commit to forming new habits of thinking, speaking, and acting that align with what Scripture says about us.

1. We are who God says we are: 2 Cor. 5.17 (ESV) – Therefore, if anyone is in Christ, he is a new creation. The old has passed away; behold, the new has come.

2. We can do and accomplish what God says we can, Eph. 3.20-21 (ESV) – Now to him who is able to do far more abundantly than all that we ask or think, according to the power at work within us, [21] to him be glory in the church and in Christ Jesus throughout all generations, forever and ever. Amen.

3. We therefore are not acting hypocritically when we act and conduct ourselves in ways that correspond to these truths; we are walking by faith, Heb. 11.6.

D. Making the connection to life and ministry

1. Forging identity is an issue of *clothing your soul*: putting off the old clothing of the former manner of living, renewing the mind, and replacing that old style with the new clothing!, cf. Col. 3.8-14.

2. All renewal in this identity formation is *in the present tense*. In other words, we must every day and during the day be engaging in this putting off-renewing the mind-putting on cycle of faith.

· ·

Between the putting off of verse Ephesians 4.22 and the putting on of verse Ephesians 4.24 stands the other content of the teaching the readers had received, mental renewal (v. Ephesians 4.23). This is necessary because prior to conversion most of them had experienced the mental futility and darkness that characterized the unbelieving Gentiles (vv. Ephesians 4.17-18). This renewal is apparently continual, since in contrast to the verbs of putting on and off, which are in the aorist tense, which represents simple action, this is in the present tense.

~ *The IVP New Testament Commentary Series, Ephesians* Electronic Edition.

· ·

3. This is *God's plan*: he created the new nature, and has provided the resources for us to forge our new identities in Christ.

· ·

Repentance is primarily a change of moral purpose, a sudden and often violent reversal of the soul's direction.

~ A. W. Tozer

· ·

Video Clip: "They're men, and you will give to them their due!" (The raid of the supply depot)

Conclusion

Question: how do you help a eagle-who-thinks-s/he-is-a-chicken live into their true identity?

Answer: Tell them the truth. Help them to put off their old self, renew their mind, and put on their new self, day by day by day.

Plenary Summary

- *Teach the eagle that he's not and never was a chicken:*
  Put off the old man with its evil desires.

- *Disciple the eagle in God's design for eaglehood:*
  Be renewed in the spirit of your mind.

- *Challenge the eagle to start acting like one:*
  Put on the new man, created by God's likeness.

· ·

We have to be braver than we think we can be, because God is
constantly calling us to be more than we are.

~ Madeleine L'Engle

· ·

*Video Clip: Go lead the pack – the 54th as the Vanguard Troop at
Fort Wagner*

For Further Study

Anderson, Neil T. *The Bondage Breaker*. Eugene, OR: Harvest House
Publishers, 1990, 1993, 2000.

Backus, William. *Telling Teach Other the Truth*. Bloomington, MN:
Bethany House Publishers, 1985.

Crabb, Larry. *Effective Biblical Counseling: A Model for Helping Caring
Christians Become Capable Counselors*. Grand Rapids, MI: Zondervan
Publishing House, 1977.

McGee, Robert S. *The Search For Significance: Seeing Your True Worth
through God's Eyes*. Nashville, TN: Thomas Nelson, 1987, 2003.

Rothschild, Jennifer. *Self Talk, Soul Talk: What to Say When You Talk to Yourself*. Eugene, OR: Harvest House Publishers, 2007.

Thurman, Chris. *The Lies We Believe: The #1 Cause of Our Unhappiness*. Nashville, TN: Thomas Nelson Publishers, 1989.

Wright, H. Norman. *Self-Talk, Imagery, and Prayer in Counseling*. Waco, TX: Word Books Publisher, 1986.

APPENDIX

APPENDIX 1
Thirty-three Blessings in Christ
Rev. Dr. Don L. Davis

Did you know that thirty-three things happened to you at the moment you became a believer in Jesus Christ? Lewis Sperry Chafer, the first president of Dallas Theological Seminary, listed these benefits of salvation in his *Systematic Theology, Volume III* (pp. 234-266). These points, along with brief explanations, give the born-again Christian a better understanding of the work of grace accomplished in his life as well as a greater appreciation of his new life.

1. In the eternal plan of God, the believer is:

   a. *Foreknown* – Acts 2.23; 1 Pet. 1.2, 20. God knew from all eternity every step in the entire program of the universe.

   b. *Predestined* – Rom. 8.29-30. A believer's destiny has been appointed through foreknowledge to the unending realization of all God's riches of grace.

   c. *Elected* – Rom. 8.38; Col. 3.12. He/she is chosen of God in the present age and will manifest the grace of God in future ages.

   d. *Chosen* – Eph. 1.4. God has separated unto himself his elect who are both foreknown and predestined.

   e. *Called* – 1 Thess. 6.24. God invites man to enjoy the benefits of his redemptive purposes. This term may include those whom God has selected for salvation, but who are still in their unregenerate state.

2. A believer has been *redeemed* – Rom. 3.24. The price required to set him/her free from sin has been paid.

3. A believer has been *reconciled* – 2 Cor. 6.18, 19; Rom. 5.10. He/she is both restored to fellowship by God and restored to fellowship with God.

4. A believer is related to God through *propitiation* – Rom. 3.24-26. He/she has been set free from judgment by God's satisfaction with his Son's death for sinners.

5. A believer has been *forgiven* all trespasses – Eph. 1.7. All his/her sins are taken care of - past, present, and future.

6. A believer is vitally *conjoined to Christ* for the judgment of the old man "unto a new walk" – Rom. 6.1-10. He/she is brought into a union with Christ.

7. A believer is "*free from the law*" – Rom. 7.2-6. He/she is both dead to its condemnation, and delivered from its jurisdiction.

8. A believer has been made a *child of God* – Gal. 3.26. He/she is born anew by the regenerating power of the Holy Spirit into a relationship in which God the First Person becomes a legitimate Father and the saved one becomes a legitimate child with every right and title - an heir of God and a joint heir with Jesus Christ.

9. A believer has been *adopted as an adult child* into the Father's household – Rom. 8.15, 23.

10. A believer has been *made acceptable to God* by Jesus Christ – Eph. 1.6. He/she is made *righteous* (Rom. 3.22), *sanctified* (set apart) positionally (1 Cor. 1.30, 6.11); p*erfected forever in his/her standing and position* (Heb. 10.14), and *made acceptable* in the Beloved (Col. 1.12).

11. A believer has been *justified* – Rom. 5.1. He/she has been declared righteous by God's decree.

12. A believer is "*made right*" – Eph. 2.13. A close relation is set up and exists between God and the believer.

13. A believer has been *delivered from the power of darkness* – Col. 1.13; 2.13. A Christian has been delivered from Satan and his evil spirits. Yet the disciple must continue to wage a warfare against these powers.

14. A believer has been *translated into the Kingdom of God* – Col. 1.13. The Christian has been transferred from Satan's kingdom to Christ's Kingdom.

15. A believer is *planted* on the Rock, Jesus Christ – 1 Cor. 3.9-15. Christ is the foundation on which the believer stands and on which he/she builds his/her Christian life.

16. A believer is a *gift from God to Jesus Christ* – John 17.6, 11, 12, 20. He/she is the Father's love gift to Jesus Christ.

17. A believer is *circumcised* in Christ – Col. 2.11. He/she has been delivered from the power of the old sin nature.

18. A believer has been made a *partaker of the Holy and Royal Priesthood* – 1 Pet. 2.5, 9. He/she is a priest because of his/her relation to Christ, the High Priest, and will reign on earth with Christ.

19. A believer is part of a *chosen generation, a holy nation and a peculiar people* – 1 Pet. 2.9. This is the company of believers in this age.

20. A believer is a *heavenly citizen* – Phil. 3.20. Therefore he/she is called a stranger as far as his/her life on earth is concerned (1 Pet. 2.13), and will enjoy his/her true home in heaven forever.

21. A believer is in *the family and household of God* – Eph. 2.1, 9. He/she is part of God's "family" which is composed only of true believers.

22. A believer is in *the fellowship of the saints* – John 17.11, 21-23. He/she can be a part of the fellowship of believers with one another.

23. A believer is in *a heavenly association* – Col. 1.27; 3.1; 2 Cor. 6.1; Col. 1.24; John 14.12-14; Eph. 5.25-27; Titus 2.13. He/she is a partner with Christ now in life, position, service, suffering, prayer, betrothal as a bride to Christ, and expectation of the coming again of Christ.

24. A believer has *access to God* – Eph. 2.18. He/she has access to God's grace which enables him/her to grow spiritually, and he/she has unhindered approach to the Father (Heb. 4.16).

25. A believer is within *the "much more" care of God* – Rom. 5.8-10. He/she is an object of God's love (John 3.16), God's grace (Eph. 2.7-9), God's power (Eph. 1.19), God's faithfulness (Phil. 1.6), God's peace (Rom. 5.1), God's consolation (2 Thess. 2.16-17), and God's intercession (Rom. 8.26).

26. A believer is *God's inheritance* – Eph. 1.18. He/she is given to Christ as a gift from the Father.

27. A believer *has the inheritance of God himself* and all that God bestows – 1 Pet. 1.4.

28. A believer has *light in the Lord* – 2 Cor. 4.6. He/she not only has this light, but is commanded to walk in the light.

29. A believer is *vitally united to the Father, the Son and the Holy Spirit* – 1 Thess. 1.1; Eph. 4.6; Rom. 8.1; John 14.20; Rom. 8.9; 1 Cor. 2.12.

30. A believer is blessed with the *earnest or firstfruits of the Spirit* – Eph. 1.14; 8.23. He/she is born of the Spirit (John 3.6), and baptized by the Spirit (1 Cor. 12.13), which is a work of the Holy Spirit by which the believer is joined to Christ's body and comes to be "in Christ," and therefore is a partaker of all that Christ is. The disciple is also indwelt by the Spirit (Rom. 8.9), sealed by the Spirit (2 Cor. 1.22), making him/her eternally secure, and filled with the Spirit (Eph. 5.18) whose ministry releases his power and effectiveness in the heart in which he dwells.

31. A believer is *glorified* – Rom. 8.18. He/she will be a partaker of the infinite story of the Godhead.

32. A believer is *complete in God* – Col. 2.9, 10. He/she partakes of all that Christ is.

33. A believer *possesses every spiritual blessing* – Eph. 1.3. All the riches tabulated in the other 32 points made before are to be included in this sweeping term, "all spiritual blessings."

It would hardly be amiss to restate the truth that salvation is a work of God for man and not a work for God. It is what God's love prompts him to do and not a mere act of pity which rescues creatures from their misery. To realize the satisfaction of his love, God has been willing to remove by an infinite sacrifice the otherwise insuperable hindrance which sin has imposed; he is, likewise, overcoming the wicked opposition to his grace which the fallen human will presents by inclining his elect ones to exercise saving faith in Christ. When the way is thus clear, God is free to do all that infinite love dictates. Nothing short of transformations which are infinite will satisfy infinite love. An inadequate record of these riches of grace which together represent the infinity of saving grace has been submitted; but it still remains true that "the half has never been told." The student who is ambitious to be accurate in gospel preaching will not only observe but ever contend for the truth that all these riches are purely a work of God, and that to secure them the individual could do no more than to receive at the hand of God what he is free to give in and through Christ Jesus. Those who believe on Christ in the sense that they receive him (John 1.12) as their Savior enter instantly into all that divine love provides. These thirty-three positions and possessions are not bestowed in succession, but simultaneously. They do not require a period of time for their execution; but are wrought instantaneously. They measure the present difference which obtains between one who is saved and one who is not saved.

Oh to grace how great a debtor
Daily I'm constrained to be!
Let Thy goodness, like a fetter,
Bind my wandering heart to Thee.

APPENDIX 2

Substitute Centers to a Christ-Centered Vision:
Goods and Effects Which Our Culture Substitute as the Ultimate Concern

Rev. Dr. Don L. Davis

Christianity as allegiance to the person of **Jesus of Nazareth**

Christianity as Doctrine and Theology

Christianity as Ethics, Decency, and Middle-class Morality

Christianity as Patriotism, Political Vision, and Family Fulfillment

Christianity as Distinctly Western Religion (as opposed to the Eastern or other religious faiths)

Christianity as Personal Growth and Improvement

Christianity as Marriage Fulfillment and Family Development

Christianity as Benevolence, Alms, and Social Justice

Christianity as Pursuit of Prosperity and Blessing

APPENDIX 3

From Deep Ignorance to Credible Witness

Rev. Dr. Don L. Davis

Witness - Ability to give witness and teach
2 Tim. 2.2
Matt. 28.18-20
1 John 1.1-4
Prov. 20.6
2 Cor. 5.18-21

And the things you have heard me say in the presence of many witnesses entrust to reliable men who will also be qualified to teach others.
~ 2 Tim. 2.2

8

Lifestyle - Consistent appropriation and habitual practice based on beliefs
Heb. 5.11-6.2
Eph. 4.11-16
2 Pet. 3.18
1 Tim. 4.7-10

And Jesus increased in wisdom and in stature, and in favor with God and man.
~ Luke 2.52

7

Demonstration - Expressing conviction in corresponding conduct, speech, and behavior
James 2.14-26
2 Cor. 4.13
2 Pet. 1.5-9
1 Thess. 1.3-10

Nevertheless, at your word I will let down the net.
~ Luke 5.5

6

Conviction - Committing oneself to think, speak, and act in light of information
Heb. 2.3-4
Heb. 11.1, 6
Heb. 3.15-19
Heb. 4.2-6

Do you believe this?
~ John 11.26

5

Discernment - Understanding the meaning and implications of information
John 16.13
Eph. 1.15-18
Col. 1.9-10
Isa. 6.10; 29.10

Do you understand what you are reading?
~ Acts 8.30

4

Knowledge - Ability to recall and recite information
2 Tim. 3.16-17
1 Cor. 2.9-16
1 John 2.20-27
John 14.26

For what does the Scripture say?
~ Rom. 4.3

3

Interest - Responding to ideas or information with both curiosity and openness
Ps. 42.1-2
Acts 9.4-5
John 12.21
1 Sam. 3.4-10

We will hear you again on this matter.
~ Acts 17.32

2

Awareness - General exposure to ideas and information
Mark 7.6-8
Acts 19.1-7
John 5.39-40
Matt. 7.21-23

At that time, Herod the tetrarch heard about the fame of Jesus.
~ Matt. 14.1

1

Ignorance - Unfamiliarity with information due to naivete, indifference, or hardness
Eph. 4.17-19
Ps. 2.1-3
Rom. 1.21; 2.19
1 John 2.11

Who is the Lord that I should heed his voice?
~ Exod. 5.2

0

Appendix 4
In Christ
Rev. Dr. Don L. Davis

"In Christ"

The Mystery of Our
Total Identification
with Christ
John 15.4-5

We are "made one in Christ,"
1 Cor. 6.15-17

We were baptized into him,
1 Cor. 12.13

We were crucified with him,
Gal. 2.20

We died with him,
Rom. 6.3-4; Col. 3.3

We were buried with him,
Rom. 6.3-4

We were raised with him,
Eph. 2.4-7; Col. 3.1

We ascended with him,
Eph. 2.6

We sit with him in
heavenly places,
Eph. 2.6

We will reign forever with him,
Rev. 3.21

We will be joint-heirs with him,
Rom. 8.17

We will be made like him,
1 John 3.2

We will be glorified with him,
Rom. 8.17

We will be resurrected in him,
1 Cor. 15.48-49

We suffer with him,
Rom. 8.17-18

We will be
caught up together with him,
1 Thess. 4.13-18

APPENDIX 5

Toward a Hermeneutic of Critical Engagement

Rev. Dr. Don L. Davis

Re + specere ~ to look, to look again
To consider worthy of reference, esteem, to treat with the highest sense of importance
(Disrespect!)

Respit ~ The Act of looking back
To grant a period of open audience, to put off judgment and to suspend final conclusions on a matter until the argument of the other has been fully heard and understood
(Automatic judgment!)

Regarder ~ to look back, to guard
To pay attention, to take into careful consideration, to take into critical account the words, beliefs, and actions of another
(Disregard!)

Reflecter ~ to bend back, to mirror
To give back or exhibit as an image, likeness or outline; to reflect back; to reproduce accurately and clearly what the other has presented and communicated
(Generalization!)

Replicare ~ to fold back; to fold again, to answer, to bend or twist together again
To respond in words, whether spoken or written, or in actions; to communicate in response back to the other; to twist together and connect one's own view with and/or against the view of the other as carefully as possible
(Caricature!)

Resonare ~ to sound again; to echo
To seek to find within the communication of the other some idea, belief, or statement with which one may empathize, sympathize, or find some commonality with
(Disconnection!)

Respite — Suspend
Regard — Listen
Reflect — Process
Resonate — Empathize
Reply — Criticize
Respect — Esteem

Assumptions about traditions:
1. Traditions deserve respect
2. Traditions ought not be prematurely judged
3. Traditions should be critically engaged
4. Traditions must be taken seriously
5. Traditions should be assessed
6. Traditions ought to be constructively utilized

APPENDIX 6

The Hump

Rev. Dr. Don L. Davis

The Baby Christian
The New Believer and the Spiritual Disciplines

Awkwardness

Unskillfulness

Mistakes

Roughness

Sporadic Behavior

Uncomfortableness

Inefficiency

Novice-Level Performance

Heart Desire
A Clear Goal
Feasible Plan
Solid Support
Correct Knowledge
Faithful Effort
Good Examples
Extended Period of Time
Longsuffering

Regular, correct application of the spiritual disciplines

The Mature Christian
The Mature Believer and the Spiritual Disciplines

Faithful Application

Gracefulness

Automatic response

Comfortableness

Personal Satisfaction

Excellence

Expertise

Training Others

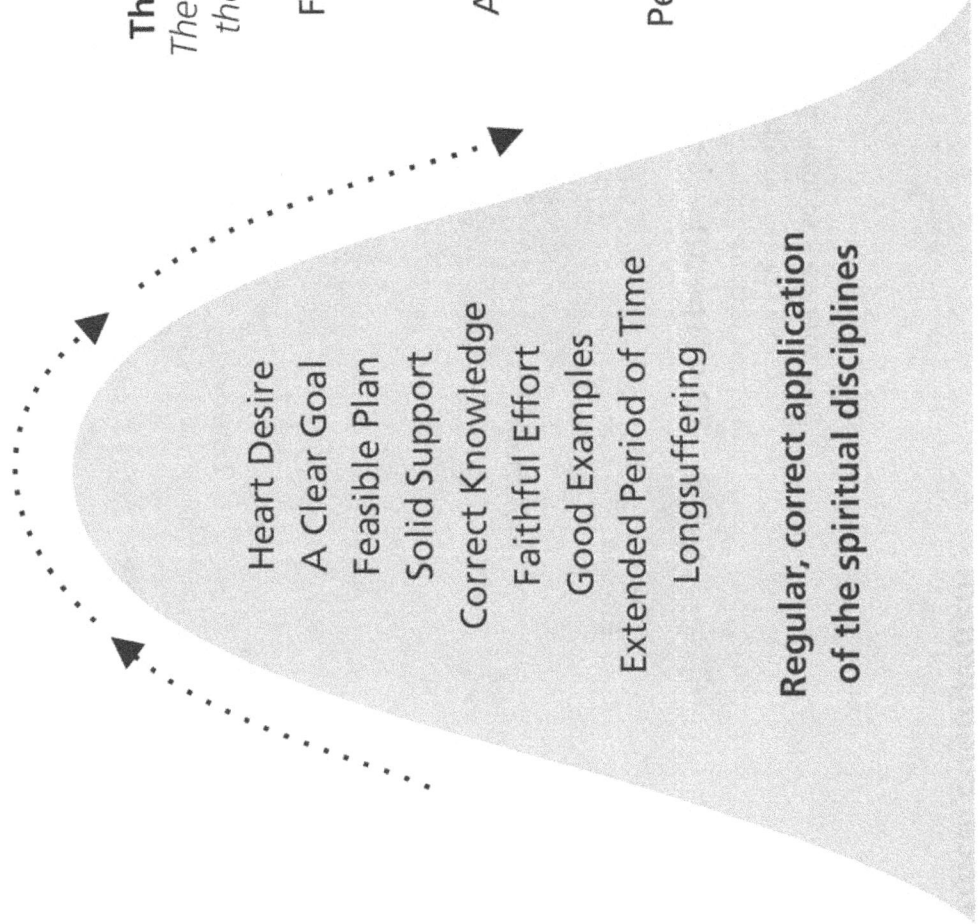

THE URBAN MINISTRY INSTITUTE, UN MINISTERIO DE WORLD IMPACT, INC.

FORJANDO IDENTIDAD

DESTRUYENDO FORTALEZAS, FORMANDO LA SEMEJANZA DE CRISTO

CUMBRE DE SATÉLITES DE TUMI
2017

TUMI Press
3701 East Thirteenth Street North
Wichita, Kansas 67208

Tabla de contenidos

Carta del Director

¡Saludos, queridos amigos y compañeros guerreros, en el fuerte Nombre de Jesucristo!

En nombre de todo nuestro equipo de TUMI, le doy la bienvenida a Wichita, el hogar de la sede internacional de TUMI y la sede de nuestro ministerio regional de *World Impact Midwest*. Nuestra red ahora representa 256 satélites en 17 países, con sitios de seminarios establecidos en iglesias en numerosas prisiones, ministerios e iglesias. De hecho, el Señor está levantando un ejército de obreros espirituales equipados y calificados, y su contribución es a la vez crítica y digna de alabanza.

Este año nos centraremos en el tema *Forjando Identidad: Destruyendo fortalezas, formando la semejanza a Cristo*. Esperamos explorar juntos la idea de cultivar un marco de referencia centrado en Cristo. Deseamos muchísimo que todos los mentores, estudiantes y voluntarios de TUMI aprendan las disciplinas de combatir las mentiras del enemigo que buscan socavar su posición en Cristo, y queremos entrenarlos y a todos nuestros participantes en los métodos prácticos de nutrir esta identidad. Debemos integrar la triple orden bíblica sobre la identidad en todo nuestro entrenamiento: aplazar al viejo hombre, renovarse en el espíritu de nuestras mentes, y ponernos en el hombre nuevo (Efesios 4:20-24). En otras palabras, debemos aprender a entrenar a nuestros estudiantes a demoler fortalezas de mentiras, a tomar sus pensamientos cautivos a Cristo, y a castigar la desobediencia defendiéndose contra las tácticas mentirosas del enemigo (Romanos 12:1-2; 2 Corintios 10:3-5).

El tema de este año será informado por escenas de la película *Glory*, la película de guerra épica estadounidense de 1989 basada en las cartas personales del coronel Robert Gould Shaw, comandante de la 54ª Infantería de Voluntarios de Massachusetts. *Glory* representa a la 54ª, una de las primeras unidades militares del Ejército de la Unión durante la Guerra Civil Americana compuesta enteramente de hombres afroamericanos (excluyendo a los oficiales, que eran todos blancos). En una época en que estos soldados afroamericanos ni siquiera eran considerados plenamente humanos, esta compañía forjó una identidad como uno de los regimientos más heroicos de la Guerra Civil, especialmente por sus hechos realizados en Fort Wagner. Su capacidad para afirmar su personalidad fundamental frente a la negación viciosa que refleja el desafío de muchos de nuestros estudiantes de TUMI de hoy, y su valor inspira a todos los que escuchan a forjar la identidad en un mundo hostil.

Nuestros plenarias, talleres e interacciones se basarán en este tema de forjar la identidad, y nuestra oración es que Dios los enriquecerá mucho durante este tiempo. Aprendamos juntos como amigos y colegas, siendo desafiados a través de nuestros tiempos de adoración, enseñanza, compañerismo y trabajo en red. Nuestro único deseo es que tu tiempo aquí le bendiga y le refresque en todos los sentidos.

Sus necesidades son importantes para nosotros, así que por favor no dude en pedirle a nuestro personal de TUMI la ayuda sobre cualquier preocupación que pueda tener. Es un placer servirle este fin de semana. Bienvenidos a Wichita y a nuestra Cumbre de *Identidad Forjadora* del 2017. Que Cristo nos encuentre aquí y aliente nuestros corazones para funcionar como su equipo capacitado, trabajando juntos para el avance del reino.

Forjando identidad a través de la Verdad en Cristo,

Rev. Dr. Don L. Davis
Director Ejecutivo, *The Urban Ministry Institute*
(El Instituto Ministerial Urbano)

Nuestros valores fundamentales

Como un ministerio evangélico en la ciudad, *The Urban Ministry Institute* (El Instituto Ministerial Urbano) busca integrar su formación espiritual, proyectos, y ministerios en torno a un conjunto de valores profundamente arraigados que dirigen nuestros esfuerzos y dan forma a nuestros compromisos. La siguiente lista concisa representa los valores fundamentales que valoramos, los compromisos y las ideas que nos permitan alcanzar nuestros objetivos y aprovechar nuestras oportunidades. En conjunto, representan un vistazo claro de nuestras verdades más profundamente queridas, aquellas ideas que informan y orientan nuestras acciones y alcances aquí.

El llamado de Dios

Nosotros lo único que hacemos plenamente seguros de que Dios está en este mismo momento llamando, dando dones, y ungiendo hombres y mujeres en la ciudad para representar sus intereses allí, y estamos convencidos de que estos líderes de la ciudad escogidos serán los vasos a través de los cuales él avanza su Reino.

El Reino de Dios

Estamos abrumados de ver la libertad, la integridad y la justicia del Reino de Dios encarnado, que se celebra, y se proclama en las comunidades de la iglesia que muestran visiblemente como se ve la "regla de Dios" cuando es abrazada por personas que reconocen el señorío de Cristo.

La centralidad de la Iglesia

Sostenemos profundamente la convicción de que un ministerio eficaz tiene lugar en el cuerpo de Cristo, el agente del Reino, donde facilitamos la multiplicación de iglesias urbanas saludables, reproducibles, especialmente entre los pobres.

El poder de la comunidad

Compartimos la pasión en emplear programas innovadores de educación a distancia para crear y equipar una red de centros de formación en las áreas urbanas que proporcionen una excelente y asequible, y espiritualmente dinámica educación ministerial que sea sensible a la cultura urbana.

Elección de Dios del humilde

Contamos con una certeza de que Dios ha escogido a aquellos que son pobres a los ojos de este mundo para ser ricos en fe y herederos del reino que ha prometido a los que le aman (Santiago 2:5).

La norma de excelencia

Sostenemos la creencia de que el consumo de que todo el desarrollo de liderazgo eficaz, creíble exige la formalidad y el rigor de la excelencia disciplinada requerida, con una rotunda negativa a ser de segunda clase o correctiva.

La explosividad de la multiplicación

Somos celosos de facilitar y facultar movimientos de plantación de iglesias urbanas que comparten una espiritualidad común, que expresan la libertad de expresión cultural, y estratégicamente combinan sus recursos para alcanzar y transformar las ciudades de Norteamérica y el mundo.

Detalles de la conferencia

Teléfonos móviles
Por favor apague su teléfono móvil cuando entre al *Ballroom*, como también durante cualquiera de los talleres que usted asista.

Horario
Va a encontrar el horario de la Cumbre en la página 74 de este folleto.

Acceso inalámbrico en la conferencia
Hay acceso inalámbrico completo y gratuito como visitantes a la red *Wi-Fi*.

Refrigerios
Por favor disfrute de los aperitivos proporcionados en su "caja de raciones" en su habitación. El hotel nos ha permitido ofrecerle estas delicias sólo si garantizamos que usted no va a comerlas en las zonas públicas. (Un pequeño precio a pagar por tal lujo, ¿no cree?)

Si usted desea comprar refrigerios adicionales, hay máquinas expendedoras disponibles en todo el hotel.

Comidas
Las cuotas de la conferencia cubren sus gastos para la cena del viernes hasta el almuerzo del domingo (vea calendario para los tiempos de comida).

Si quiere algo, además de sus comidas, usted es libre de comprar comidas o aperitivos del restaurante y salón *"Legends"*. Ellos tienen las siguientes horas:
- Restaurante *Legends*: 7:00 a.m. - 2:00 p.m. and 5:00 p.m. - 10:30 p.m.
- Salón *Legends*:
    2:00 p.m. - medianoche

Información sobre el hotel
TUMI pagará por su habitación. Sin embargo, todos los demás gastos (por ejemplo, alquiler de películas, servicio de habitación) deben ser facturados personalmente a usted, pagado con su tarjeta de crédito personal. ¡No cargue estos gastos extras a su habitación! (Tenga en cuenta: ¡sabemos dónde vive!)

El hotel ofrece:
- Servicio de *Wi-Fi*
- Piscina cubierta climatizada
- Jacuzzi
- Gimnasio
- Centro de negocios (totalmente equipado con fax, fotocopiadora, y acceso a impresora)

La hora de salida es el domingo a la 1:00 pm. La transportación va a correr al aeropuerto con frecuencia desde la entrada principal del hotel. Vea a Lisa Entz si tiene alguna pregunta.

Mapa
Primer piso del hotel: Hay un mapa del hotel en la página 73 de este folleto.

Instalaciones de TUMI: Para aquellos que tomen el *tour*, habrá mapas disponibles en el sitio en las instalaciones de TUMI.

Talleres de la Cumbre
Por favor, consulte el folleto en su carpeta para los títulos y descripciones de los talleres, horarios y ubicaciones.

Tiempo libre/Talleres
Sábado por la tarde de 4:30-6:00 es un tiempo abierto para todos los conferenciantes. Hemos programado unos talleres durante este tiempo, desarrollados en las diversas salas. Vea el volante en su carpeta para los detalles.

Visita a las oficinas de TUMI
Para aquellos que se inscribieron para el *tour* de las instalaciones de TUMI, por favor planifique subir al autobús el sábado a las 4:25 pm. El autobús estará situado justo fuera de la entrada norte (por el *Emerald Ballroom* [Salón Esmeralda]). Saldremos de TUMI a las 4:30 horas y regresaremos a las 5:50 pm, justo a tiempo para disfrutar de una deliciosa cena.

Mesa de los recursos de TUMI
Nuestra mesa presenta muchos de nuestros recursos disponibles. Mientras que usted puede comprar algunos de estos productos en la Cumbre, todos nuestros recursos están disponibles para su compra en nuestro sitio en la red para su conveniencia. Eche un vistazo a nuestra mesa, que se encuentra en el pasillo por el *Emerald Ballroom* (salón Esmeralda).

Tienda de TUMI
Venderemos algunos productos selectos de TUMI durante la cumbre. Estos estarán a la venta afuera del salón el sábado de 4:30 a 5:30 PM y de 8:30-9:30 PM.

Transporte
Lisa Entz está coordinando viajes aquí en Wichita. Por favor, póngase en contacto con ella si tiene alguna pregunta. Su número móvil es (316) 208-6765.

Foto de grupo
Durante la Cumbre, vamos a tomar una gran foto de grupo. Estará disponible en nuestro sitio en la red después de la conferencia (visite *www.tumi.org/summit2017*).

Formulario de evaluación de la Cumbre
¡Por favor denos su opinión! Después de la Cumbre, usted puede ayudarnos en gran medida al completar nuestro formulario de evaluación de la Cumbre en línea que se puede encontrar en: *www.tumi.org/summiteval*.

Recursos de la Cumbre del 2017
Dentro de tres semanas después de la Cumbre, esperamos subir lo siguiente en *www.tumi.org/summit2017*:
- el vídeo grabado de las tres sesiones plenarias y el tiempo de TUMI Internacional el sábado
- todas las enseñanzas en audio de los talleres
- fotos de nuestro tiempo juntos
- hojas de las canciones que cantamos que fueron escritas por el Dr. Davis

Recursos de vídeo: *TUMI.org/vimeo*
Visite esta página para obtener recursos para los coordinadores del satélite, enseñanzas sobre la Gran Tradición y de Nuestras raíces sagradas, Información de SIAFU, temas de oración de temporada por temporada según el Año de la Iglesia, y grabaciones en directo de la Conferencia de hombres Mas poder (enseñanzas específicas sobre la lucha contra las mentiras del enemigo y testimonio de la liberación del Señor: *El poder de ser librado*; *el poder de vencer*; y *el poder de testificar*).

Nuestra información de contacto
Dirección: *The Urban Ministry Institute*
3701 E. 13th Street
Wichita, KS 67208

Sitio en la red: *www.tumi.org*
Teléfono: (316) 681-1317 ext. 304
Fax: (316) 681-1318

Dirección: Don Allsman
      World Impact, Inc.
      2001 S. Vermont Ave.
      Los Angeles, CA 90007

Teléfono: (323) 735-1137 ext. 325
Fax: (323) 735-2576

Direcciones electrónicas del personal de TUMI

Rev. Dr. Don L. Davis: dondavis@tumi.org
Rev. Don Allsman: dallsman@worldimpact.org
Cathy Allsman: callsman@worldimpact.org
Beth Davis: bdavis@tumi.org
Daniel Davis: danieldavis@tumi.org
Gustavo Delgado: GDelgado@worldimpact.org
Bob Engel: bengel@worldimpact.org
Bobby Gilmer: bobbyg@tumi.org
Carolyn Hennings: chennings@tumi.org
Dan Hennings: dhennings@tumi.org
Tim Ladwig: timladwig@sbcglobal.net
  (website: *www.TimLadwig.com*)
Andrew Lee: alee@tumi.org
Brian Luke: bluke@tumi.org
Denise Luke: dluke@tumi.org
Lorna Rasmussen: Lorna@tumi.org
Harold Roesler: hroesler@worldimpact.org
Bob Stevenson: bobs@worldimpact.org

Direcciones electrónicas del personal de TUMI Nacional

Ryan Carter: rcarter@worldimpact.org
Mike Dicke: denvertumi@gmail.com
Rev. Rich Esselstrom: resselstrom@worldimpact.org
Mary Flin: maryflin@hotmail.com
Juan Pablo Herrera: jpherrera@worldimpact.org
Dr. Robert Lay: blay@worldimpact.org
Dr. Hank Voss: hvoss@worldimpact.org
Brad Welles: coinsworthsaving@gmail.com

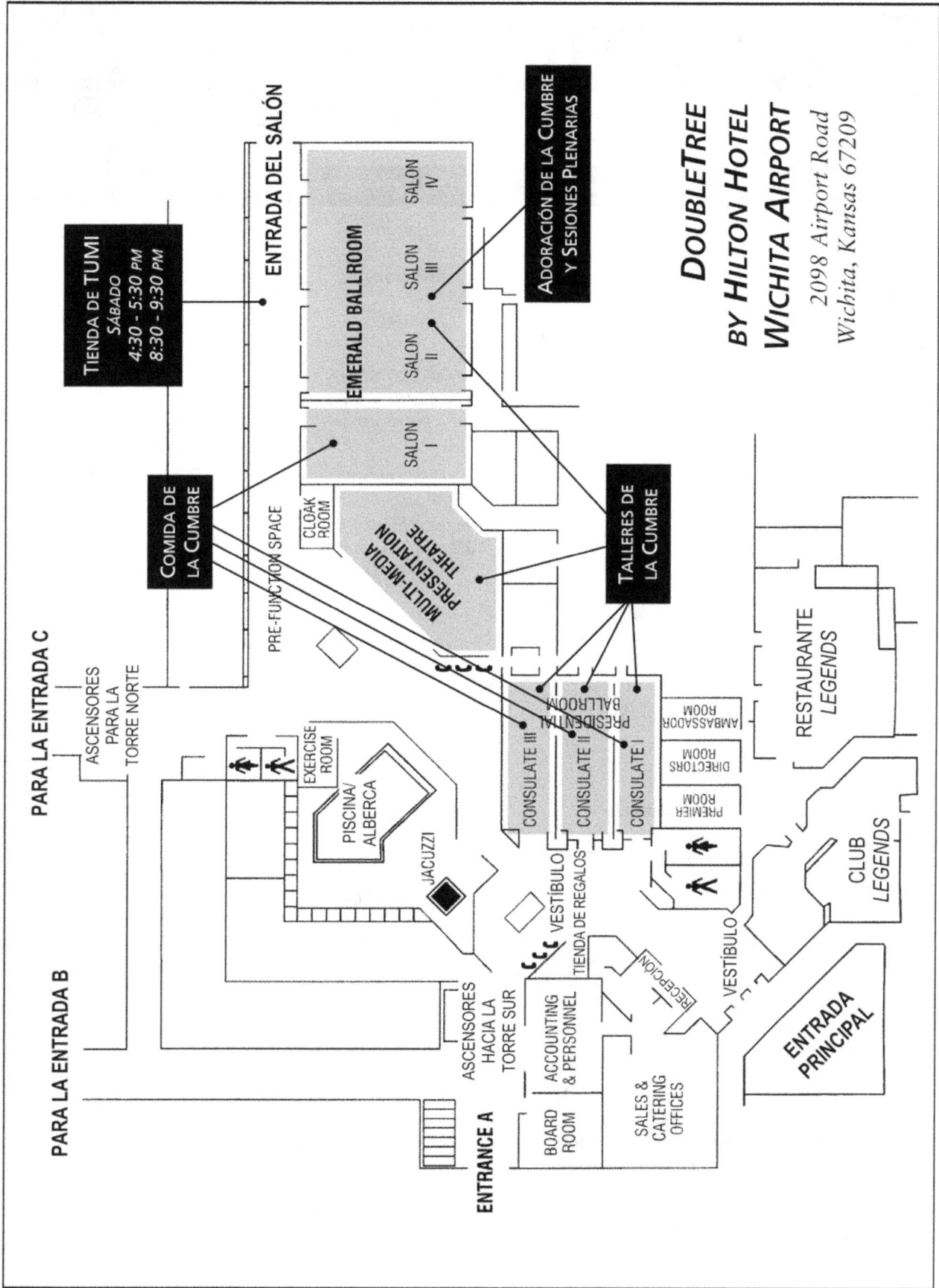

DoubleTree
by Hilton Hotel
Wichita Airport
2098 Airport Road
Wichita, Kansas 67209

Tienda de Tumi
Sábado
4:30 - 5:30 PM
8:30 - 9:30 PM

Entrada del Salón

Emerald Ballroom

Salón I · Salón II · Salón III · Salón IV

Adoración de la Cumbre y Sesiones Plenarias

Comida de la Cumbre

Talleres de la Cumbre

Multi-Media Presentation Theatre

Cloak Room

Pre-Function Space

Para la Entrada C

Ascensores para la Torre Norte

Exercise Room

Piscina/Alberca

Jacuzzi

Consulate III · Consulate II · Consulate I

Presidential Ballroom

Ambassador Room · Directors Room · Premier Room

Restaurante Legends

Club Legends

Vestíbulo

Tienda de Regalos

Recepción

Para la Entrada B

Ascensores hacia la Torre Sur

Accounting & Personnel

Sales & Catering Offices

Board Room

Entrance A

Entrada Principal

FORJANDO IDENTIDAD

CUMBRE DE SATÉLITES DE TUMI 2017
PROGRAMA DE LA CONFERENCIA

	VIERNES, *10 de febrero*	SÁBADO, *11 de febrero*	DOMINGO, *12 de febrero*
7:00 - 8:15		Desayuno	Desayuno
8:30 - 9:15	**Viajes** Llegan delegados	**Alabanza**	**Alabanza y Mesa del Señor o Santa Cena**
9:15 - 9:30		Descanso	
9:30 - 10:30		**Plenaria 2 • Smith** *La mente re-hecha y la vida transformada*	Descanso
9:45 • Plenaria 3 • Davis			**9:45 • Plenaria 3 • Davis** *Aprender a volar: La fórmula de Dios para forjar identidad*
10:30 - 10:45		Descanso	
10:45 - 11:30		**Destacamiento de TUMI International** Foto de grupo	**11:00 AM • Almuerzo** *Conclusión de la Cumbre Salida del hotel: 1:00*
11:50 - 12:30		Almuerzo	
1:00 - 2:15	Registro/Check-in	**Taller Sesión 1**	**Viajes** Los delegados pueden salir libremente después del almuerzo
2:15 - 2:30		Descanso	
2:30 - 3:45	3:30 • **Alabanza**	**Taller Sesión 2**	Las personas que viajan por avión: Tomen el transporte al aeropuerto
4:15 - 6:00	**Cumbre general • Davis** Descanso **Plenaria 1 • Allsman** *Dando rienda suelta a la abundancia para Cristo*	**Tiempo libre** - o - **Tienda de TUMI** - o - **Tour a las oficinas de TUMI** *(el autobús saldrá de la puerta norte a las 4:30)*	
6:00 - 6:45	Cena	Cena	
6:45 - 7:00	Descanso	Descanso	
7:00 - 10:00	7:00 • **Intros/Orientación** 8:15 • **Tiempo de conexión en red**	7:00 • **Concierto de oración** 8:30 • **Tiempo de conexión en red/Tienda de TUMI**	
10:00	El salón cierra a las 10:00 *(Por favor no deje objetos personales en el salón durante toda la noche)*	El salón cierra a las 10:00 *(Por favor no deje objetos personales en el salón durante toda la noche)*	

PLENARIAS

Dando rienda suelta a la abundancia para Cristo

Rev. Don Allsman

I. Por causa del Enemigo, somos bombardeados por la confusión.

A. Lo que creemos dicta lo que hace nuestro cuerpo.

B. El enemigo presenta pensamientos y sentimientos levantados contra el conocimiento de Dios.

El ladrón sólo viene para robar, matar y destruir (Juan 10:10).

C. Cuando creemos en las mentiras del enemigo, se crea una fortaleza.

II. Por causa de Cristo, tenemos un potencial abundante.

A. Jesús ofrece una verdad vivificante para contrarrestar las mentiras tóxicas.

El ladrón viene sólo para robar, matar y destruir. Vine para que tengan vida y la tengan en abundancia (Juan 10:10).

El agua que yo le daré será en él una fuente de agua que brotará para vida eterna (Juan 4:14).

B. Somos los instrumentos que Cristo escoge usar para dispensar su gracia.

C. Para que seamos vasos efectivos de abundancia, tenemos que ser forjados.

III. Por causa del Espíritu Santo, tenemos armas para nuestra guerra

Pues aunque andamos en la carne, no militamos según la carne; porque las armas de nuestra milicia no son carnales, sino poderosas en Dios para la destrucción de fortalezas, derribando argumentos y toda altivez que se levanta contra el conocimiento de Dios, y llevando cautivo todo pensamiento a la obediencia a Cristo, y estando prontos para castigar toda desobediencia, cuando vuestra obediencia sea perfecta (2 Cor. 10:3-6).

A. Estamos en el nexo de una batalla cósmica que no es principalmente sobre nosotros.

B. Nosotros hacemos guerra con armas de poder divino, no en la carne.

C. El Espíritu Santo nos capacita forjando nuestra identidad en la semejanza de Cristo.

   Hechos 1:8; Efesios 4:13; Gálatas 5:19-23; Juan 14:17-26, 16:13-14, Santiago 3:17-18, Efesios 6:14-18

IV. Por causa de nuestra cooperación, podemos forjar la identidad.

A. Las fortalezas se forman en su cerebro por lo que cree.

B. Las fortalezas pueden ser demolidas en su cerebro por lo que cree.

C. Los pensamientos pueden ser llevados cautivos (detenidos) en su cerebro por lo que cree.

V. Por causa de que los enemigos regresarán, debemos defendernos contra los enemigos vencidos.

    A. A pesar de la demolición y la detención, el enemigo regresará en un momento oportuno.

    B. Aprendamos del ejemplo de Jesús.

    C. Para forjar la identidad, demolamos el pasado, detengamos el presente y defendamos el futuro.

VI. A medida que forjamos la identidad, liberamos su abundancia.

    A. Todos jugamos nuestro papel al reconocer las mentiras y contradecir la verdad.

    B. No tenemos que ser víctimas, pero podemos tomar el control de nuestros pensamientos.

    C. También podemos ayudar a otros a forjar su identidad en Cristo.

Por tanto, nosotros todos, mirando a cara descubierta como en un espejo la gloria del Señor, somos transformados de gloria en gloria en la misma imagen, como por el Espíritu del Señor (2 Cor. 3:18).

¡Forjando identidad, da rienda suelta a la abundancia!

Referencias

Leaf, Dr. Caroline. *Switch on Your Brain: The Key to Peak Happiness, Thinking, and Health.* Grand Rapids: Baker Books, 2013.

Crabb, Dr. Larry. *Connecting: Healing Ourselves and Our Relationships.* Nashville, TN: W. Publishing Group, 1997.

Backus, William, and Marie Chapian. *Telling Yourself the Truth: Find Your Way Out of Depression, Anxiety, Fear, Anger, and Other Common Problems by Applying the Principles of Misbelief Therapy.* Bloomington, MN: Bethany House Publishers, 1980, 1981, 2000.

Anderson, Neil T. *Victory over the Darkness: Realize the Power of Your Identity in Christ.* Grand Rapids, MI: Bethany House Publishers, 2000, 2013.

La mente re-hecha y la vida transformada

Rev. Efrem Smith

Texto principal: Romanos 12:1-16

Introducción: "Desperté esta mañana con mi mente en Jesús"

A. Cómo el pensamiento renovado ha capacitado a los pobres y oprimidos

B. Nueva identidad a través de la creencia sobrenatural

Punto de transición

La Iglesia en el primer siglo tuvo que tener un pensamiento poderoso y dinámico para hacer discípulos y plantar iglesias frente a una oposición desalentadora.

I. La mente para vivir una vida transformada y espiritual (versículos 1-2)

Rom. 12:1-2 – Así que, hermanos, os ruego por las misericordias de Dios, que presentéis vuestros cuerpos en sacrificio vivo, santo, agradable a Dios, que es vuestro culto racional. No os conforméis a este siglo, sino transformaos por medio de la renovación de vuestro entendimiento, para que comprobéis cuál sea la buena voluntad de Dios, agradable y perfecta.

A. Todo mi ser como adoración

B. Siendo liberado de ser cautivo a este mundo

C. Pensamiento renovado para soportar la(s) prueba(s)

II. La mente para perseguir la unidad y avanzar el reino de Dios (versículos 3-8)

Rom. 12:3-8 – Digo, pues, por la gracia que me es dada, a cada cual que está entre vosotros, que no tenga más alto concepto de sí que el que debe tener, sino que piense de sí con cordura, conforme a la medida de fe que Dios repartió a cada uno. Porque de la manera que en un cuerpo tenemos muchos miembros, pero no todos los miembros tienen la misma función, así nosotros, siendo muchos, somos un cuerpo en Cristo, y todos miembros los unos de los otros. De manera que, teniendo diferentes dones, según la gracia que nos es dada, si el de profecía, úsese conforme a la medida de la fe; o si de servicio, en servir; o el que enseña, en la enseñanza; el que exhorta, en la exhortación; el que reparte, con liberalidad; el que preside, con solicitud; el que hace misericordia, con alegría.

A. Cómo pienso en mí mismo

B. Cómo pienso acerca de los demás

C. Cómo pensamos juntos

III. La mente para desarrollar la comunidad amada y una Iglesia reconciliadora (versículos 9-16)

Rom. 12:9-16 – El amor sea sin fingimiento. Aborreced lo malo, seguid lo bueno. Amaos los unos a los otros con amor fraternal; en cuanto a honra, prefiriéndoos los unos a los otros. En lo que requiere diligencia, no perezosos; fervientes en espíritu, sirviendo al Señor; gozosos en la esperanza; sufridos en la tribulación; constantes en la oración; compartiendo para las necesidades de los santos; practicando la hospitalidad. Bendecid a los que os persiguen; bendecid, y no maldigáis. Gozaos con los que se gozan; llorad con los que lloran. Unánimes entre vosotros; no altivos, sino asociándoos con los humildes. No seáis sabios en vuestra propia opinión.

A. Nuestras mentes colectivas que generan compasión, misericordia y justicia

Cierre: Poniendo nuestras mentes para multiplicar hacedores de discípulos

Aprender a volar:
La fórmula de Dios para forjar identidad

Rev. Dr. Don L. Davis

Introducción

¿Cómo aprende a volar cuando todo lo que ha sabido es cavar en la tierra?
Escuche el cuento de águila y los pollos.

Se cuenta una fábula sobre un águila que pensaba que era un pollo. Cuando el águila era muy pequeña, cayó de la seguridad de su nido. Un granjero de pollos encontró el águila, la llevó a la granja y lo crió en un gallinero entre sus muchos pollos. El águila creció haciendo lo que hacen los pollos, viviendo como un pollo, y creyendo que era un pollo.

El águila saludable (águila bebé) fue completamente acogida con igualdad dentro de la sociedad general de pollo. Fue adoptada en una familia de pollos, reconocida por sus hermanos y hermanas pollos, y pensó, creyó y actuó como uno de los suyos. Estaba bien ajustada, creciendo para ser un buen representante de lo que un pollo debe ser y hacer.

Aprendió todos los hábitos de pollo, las suposiciones y la cultura, y disfrutó de hacer las cosas que a los pollos les gusta hacer: se convirtió en un buen cloqueador, podía cacarear con los mejores de ellos, y aunque su pico era grande (así como sus pies) le gustaba rascarse en la tierra por el grano y los gusanos, agitando la cabeza para recoger las semillas, agitando sus alas furiosamente, levantándose unos cuantos pies, y luego aterrizando en el suelo con polvo y plumas volando. Estaba impreso con todas las cosas de pollo, amando todos los juegos de pollo, descansando en los lugares visitados por los pollos, teniendo miedo de los enemigos del pollo, y el establecimiento de objetivos del pollo. Ella creía en su corazón de corazón que era un pollo, al igual que todos sus compañeros pollos, quienes afirmaron su "pollindad" y "pollicidad" total.

Más tarde en la vida, el águila-que-creyó-era-un-pollo miró por encima de la cabeza y se sorprendió del enorme pájaro que se disparaba rápidamente y sin esfuerzo en las corrientes de viento con apenas un golpe de sus anchas alas. Mirando a sus compañeros pollos, el águila mayor preguntó, "¿Qué es esa cosa allá arriba?" "Eso es lo que llaman un águila", respondió un pollo cercano. "Eso es lo que llamamos el 'Rey de los Pájaros'. No es como nosotros; nació para volar y volar y cazar. Nosotros somos pájaros de la tierra, construidos para picotear, y cacarear, y cacarear. Estaba hecho para el aire, no como nosotros, pájaros del gallinero".

El viejo águila-que-pensó-que-era-un-pollo escuchó la explicación, la aceptó, como lo había hecho toda su vida, y aún así - se sintió un poco gracioso al respecto. Parecía que él también debería estar allí. Todos sus pollos amigos y familiares volvían a cloquear, picotear y cacarear, volteando sus ojos una vez más al suelo, cavando en la tierra alrededor del gallinero. El águila convertida en pollo seguía mirando hacia arriba, preguntándose por qué se sentía tan atraído hacia el gran pájaro del aire.

¿El fin?

El objetivo central de TUMI: ¡Capacitar a las águilas para que cambien sus identidades y aprendan a volar de nuevo! (Efesios 4:20-24)

Resumen de la plenaria

- *Enseñe al águila que ella no es y nunca fue un pollo:*
  Despójese del viejo hombre con sus malos deseos.

- *Discipule al águila en el diseño de Dios para la "águilacidad":*
  Renuévese en el espíritu de su mente.

- *Desafíe al águila a empezar a actuar como águila:*
  Vístase del hombre nuevo, creado a la semejanza de Dios.

I. Primer paso: despójese de su viejo ser con sus deseos malvados.

Enseñe al águila que ella no es y nunca fue un pollo.

Ef. 4:20-22 (BLA) - Pero vosotros no habéis aprendido a Cristo[a] de esta manera, si en verdad lo oísteis y habéis sido enseñados en El, conforme a la verdad que hay[b] en Jesús, que en cuanto a vuestra anterior manera de vivir, os despojéis del viejo hombre, que se corrompe según los deseos engañoso

A. Definición del concepto

Los creyentes en Cristo han oído la verdad y se les ha enseñado la verdad en Jesús, que nos exhorta a postergar las identidades, los estilos de vida y las perspectivas de su "viejo yo", a los que no fueron salvos.

B. Desglosando el texto

1. *Desde que hemos creído, ahora estamos arraigados en una nueva dirección y filosofía: hemos aprendido a Cristo, vv. 20-21.*

2. *Tenemos una nueva identidad; Debemos "aplazar" (descartar, arrebatar, dejar a un lado) nuestras antiguas identidades que pertenecen a nuestra antigua forma de vida, v. 22a.*

   a. Ef. 4:31 (BLA) - Sea quitada de vosotros toda amargura, enojo, ira, gritos, maledicencia, así como toda malicia.

   b. Col. 3:8 (BLA) - Pero ahora desechad también vosotros todas estas cosas: ira, enojo, malicia, maledicencia, lenguaje soez de vuestra boca.

   c. He. 12:1 (BLA) - Por tanto, puesto que tenemos en derredor nuestro tan gran nube de testigos, despojémonos también de todo peso y del pecado que tan fácilmente nos envuelve, y corramos con paciencia la carrera que tenemos por delante

3. *Nuestro viejo yo, nuestra identidad anterior no salva, está corrompido por deseos saturados de engaño, v. 22b.*

C. Generalización del principio

Como creyentes, Dios nos ha llamado a vivir una nueva identidad en Cristo que es completamente diferente de nuestra antigua forma de vida (nuestro pasado pre-cristiano), es decir, nuestras suposiciones, entendimientos, creencias y convicciones.

1. La forma en que nos relacionamos con nuestro pasado: ahora estamos *perdonados*.

2. La forma en que nos relacionamos con nuestra condición actual: ahora *pertenecemos a Cristo, su Iglesia y su Reino.*

3. La forma en que nos relacionamos con nuestro futuro: estamos *llamados a glorificar a Dios, y desempeñar nuestro papel* en su historia

Adaptado de
H. Norman Wright,
*Self-talk, Imagery, and
Prayer in Counseling
(Auto-conversación,
imágenes, y oración
en consejería),*
Waco Texas, 1986,
pp. 66-68.

Hábitos mortales del alma: Categorización de nuestras distorsiones sobre seguridad, salvaguardia y significado	
Filtración	Visión de túnel; Mirando una situación a través de un solo elemento
Pensamiento polarizado	Mirando todo en extremos y términos absolutos
Generalización extrema	Dibujar grandes conclusiones basadas en un incidente o evidencia
Lectura de la mente	Hacer enormes juicios al instante sobre situaciones, personas o eventos
Catástrofe	"Haciendo montañas de molehills"; amplificando "que si …" en la inquietud
Personalización	Hacer todo, independientemente del tema o problema, sobre usted mismo
Razonamiento emocional	"Si usted siente algo muy profundo, entonces simplemente debe ser verdad".
Cambio de culpa	En medio de cualquier situación, otros deben ser responsables del problema.
Debería	Funcionamiento mediante un conjunto de reglas o condiciones inflexibles que deben mantenerse
Siempre la rectitud	La mayoría de los esfuerzos en cualquier intercambio son su esfuerzo para demostrar que usted tiene la razón

D. Haciendo la conexión con la vida y el ministerio

1. El discipulado efectivo y el desarrollo del liderazgo es esencialmente la *formación de la identidad.*

2. La formación de la identidad fluye de la *verdad aprendida en Cristo* (es decir, ninguna verdad en Cristo, ninguna nueva identidad vivida)

3. Ninguna simpatía permitida: cada líder capacitado está aprendiendo la importancia de *despojarse de su identidad pagana, pre-cristiana* que fue gobernada por mentiras y engaño.

¡Todos los pensamientos automáticos con sus mensajes específicos y terminologías absolutas de "debe", "siempre", "nunca", "debería" y "debía" que tienden a "imaginar lo malo de " las cosas que enfrentamos deben ser reconocidos, rechazados y reemplazados!

. . . .

"Conocer" no es un mero ejercicio de la cabeza. Nada es "conocido" hasta que también ha pasado a la obediencia.

~ J. A. Motyer *Comentario Bíblico, Aplicación de la Vida Efesios.* (Edición electrónica).

. . . .

Videoclip: "rasgar para arriba!" – la afirmación de la identidad completa del ejército de Unión

II. Paso Dos: Renuévese en el espíritu de su mente

Discipule al águila en el diseño de Dios para la "aguilacidad".

Ef. 4:23 (BLA) - y que seáis renovados en el espíritu de vuestra mente.

A. Definición del concepto

Forjar la identidad exige el aplazamiento de la vieja identidad con una renovación constante en el espíritu de nuestras mentes, es decir, un seguimiento de nuestra conversación interior y suposiciones evaluadas por la verdad que hemos aprendido en Cristo.

B. Desglosando el texto

1. El aplazamiento del viejo ser *exige una renovación constante en el espíritu de nuestras mentes*, v. 23

2. Esta renovación implica un *doble énfasis y actividad*:

   a. Debemos *monitorear nuestras suposiciones y juicios internos*.

   b. Debemos *poner a prueba y sopesar estas suposiciones* en contra de lo que sabemos y creemos como la verdad en Cristo en las Escrituras.

C. Generalización del principio

Nuestra nueva identidad en Cristo debe ser continuamente afirmada, defendida y enfatizada. Debido a que hemos sido condicionados a hablar, pensar, actuar y comportarnos de acuerdo con *nuestra manera de vida anterior*, debemos aprender a pensar como nuevos creyentes. (Las águilas condicionadas a pensar y actuar como pollos deben aprender una nueva forma de pensar como águila, es decir, el arte de la actitud del águila y la auto-charla).

1. Reconozca el poder de *sus antiguos "hábitos de mente y alma"*: acepte la necesidad de monitorear y probar su conversación interior.

2. *Entreviste todos los personajes sospechosos; desaloje a los antiguos infiltrados de la vida.* (Aprenda a detectar y evaluar sus suposiciones centrales ocultas sobre Dios, usted mismo, los demás, la vida y el mundo, "los cinco grandes").

3. *"Solo deben aplicarse nuevas suposiciones y actitudes de identidad".* Comience a reestructurar su charla interior con afirmaciones bíblicas sobre usted y su situación.

· ·

Es como si cada uno contara una historia sobre sí mismos dentro de su propia cabeza. Siempre. Todo el tiempo. Esa historia le hace lo que es. Nos construimos fuera de esa historia.

~ Patrick Rothfuss, *El nombre del viento*

· ·

¿Qué pasa si su historia auto-contada está distorsionada, equivocada, falsa?

¿Qué tipo de oraciones más se dice a usted mismo internamente?	
Soy mudo, y limitado en lo que puedo aprender.	El Señor me ha concedido inteligencia.
No soy atractivo para mí y para los demás.	Quién soy es más de lo que parezco.
La gente realmente no me gusta.	Me encanta la gente y hacer un gran amigo.
No tengo ningún talento real.	Gracias Señor por los talentos que me has dado.
Mi condición actual es miserable.	Dios es tan amable conmigo.
Estoy solo.	Nunca estoy solo o abandonado.
Soy pobre, y siempre seré así.	Dios está satisfaciendo todas mis necesidades hoy.
No creo que pueda aguantar más.	Puedo enfrentar cada reto con la ayuda de Dios.
No soy una buena persona.	Dios ahora me acepta en su Hijo.
Mi salud siempre es pobre; Soy una persona enfermiza.	Gracias por vigilar mi salud.
Debería evitar probar cosas nuevas, para que no me avergüence delante de los demás.	Puedo hacer todo lo que el Señor me pida, porque él me ayudará.
Las cosas nunca van a cambiar; Siempre será así.	Dios es capaz de hacer cualquier cosa en cualquier situación. Confiaré solo en él.
Si la gente realmente conociera mi pasado, me rechazaría de inmediato.	Dios me ha perdonado todos mis pecados.
Debo conformarme con menos de lo mejor.	Quiero ser todo lo que Dios quiere que yo sea.

D. Hacer la conexión con la vida y el ministerio

1. *Participar en la auto-observación:* ser más consciente de su auto-hablar, identificarlo, y aprender a cómo reaccionar y procesar sus suposiciones.

2. *Establezca disciplinas de vida para saturar su mente en la verdad:* estudie, memorice y medite en la verdad de su nueva identidad en Cristo.

3. *Sea paciente:* usted se ha acondicionado usted mismo de maneras por años, dése el tiempo de pensar en nuevas maneras.

· ·

La mejor manera de demostrar que *un palo está torcido* no es discutir o pasar el tiempo denunciándolo; la mejor manera es simplemente *poner un palo* recto a su lado.

~ D. L. Moody

· ·

Videoclip: "Somos hombres" - los testimonios de los soldados en la fogata de pre-guerra.

III. Paso tres: Poner el nuevo ser creado después de la semejanza de Dios

Desafíe al águila a empezar a actuar como tal.

Ef. 4:24 (BLA) – y os vistáis del nuevo hombre, el cual, en la semejanza de Dios, ha sido creado en la justicia y santidad de la verdad.

A. Definición del concepto

Forjar la identidad exige que nos despojemos del viejo yo, renovemos el espíritu de nuestras mentes, y que nos *pongamos* (*es decir, a revestirnos con*) *el nuevo yo, nuestra nueva identidad en Cristo*, que Dios creó después de su propia semejanza y carácter.

B. Desglosando el texto

1. Ponerse el nuevo yo implica *hablar y actuar de manera consistente con lo que Dios ha dicho acerca de usted*: quién es, lo que tiene y a lo que usted está llamado en Cristo. (¡Se trata esencialmente de formar nuevos hábitos del alma!) v. 24a

2. *Dios creó esta nueva identidad "después de su semejanza", una identidad que muestra la justicia y la santidad del Señor*, v. 24b

   a. Rom. 6:4 (BLA) – Por tanto, hemos sido sepultados con El por medio del bautismo para muerte, a fin de que como Cristo resucitó de entre los muertos por la gloria del Padre, *así también nosotros andemos en novedad de vida.*

   b. Rom. 7:6 (BLA) – Pero ahora hemos quedado libres de la ley, habiendo muerto a lo que nos ataba, de modo que *sirvamos en la novedad del Espíritu* y no en el arcaísmo de la letra.

   c. Rom. 12:2 (BLA) – Y no os adaptéis a este mundo[b], sino transformaos mediante la renovación de vuestra mente, *para que verifiquéis cuál es la voluntad de Dios*: lo que es bueno, aceptable y perfecto.

   d. 2 Cor. 5:17 (BLA) – De modo que si alguno está en Cristo, nueva criatura es; las cosas viejas pasaron; he aquí, *son hechas nuevas.*

e. Col. 3:10 (BLA) – y os *habéis vestido del nuevo hombre*, el cual se va renovando hacia un verdadero conocimiento, conforme a la imagen de aquel que lo creó.

C. Generalización del principio

Actualizamos la verdad cuando hablamos, actuamos y nos comportamos de manera consistente con la verdad. Vivimos nuestra nueva identidad en Cristo cuando nos comprometemos a formar nuevos hábitos de pensar, hablar y actuar que se alineen con lo que la Escritura dice acerca de nosotros.

1. Somos quienes Dios dice que somos: 2 Cor. 5:17 (BLA) – De modo que si alguno está en Cristo, nueva criatura es; las cosas viejas pasaron; he aquí, son hechas nuevas.

2. Podemos hacer y lograr lo que Dios dice que podemos, Ef. 3:20-21 (BLA) – Y a aquel que es poderoso para hacer todo mucho más abundantemente de lo que pedimos o entendemos, según el poder que obra en nosotros, a El sea la gloria en la iglesia y en Cristo Jesús por todas las generaciones, por los siglos de los siglos. Amén.

3. Por lo tanto, no actuamos hipócritamente cuando actuamos y nos comportamos de manera que corresponden a estas verdades; Estamos caminando por la fe, Heb. 11:6.

D. Hacer la conexión con la vida y el ministerio

1. Forjar la identidad es cuestión de *vestir tu alma*: despojarse de la vieja vestimenta de la antigua manera de vivir, renovar la mente, y reemplazar ese viejo estilo con la nueva vestimenta!, comp. Col. 3:8-14.

2. Toda la renovación en esta formación de identidad está *en el tiempo presente*. En otras palabras, todos los días y durante el día debemos comprometernos en este despojo-renovador de la mente-poniendo en el ciclo de la fe.

. . . .

Entre el versículo de Efesios 4:22 y la colocación del versículo de Efesios 4:24 encuentra el otro contenido de la enseñanza que los lectores habían recibido, la renovación mental (v. Efesios 4:23). Esto es necesario porque antes de la conversión la mayoría de ellos habían experimentado la futilidad mental y la oscuridad que caracterizaba a los gentiles incrédulos (Efesios 4:17-18). Esta renovación es aparentemente continua, ya que en contraste con los verbos que están en el tiempo aoristo, que representan la acción simple, esto está en el tiempo presente.

~ *Serie de Comentarios del Nuevo Testamento del IVP, Efesios* Edición electrónica.

. . . .

3. Este es el *plan de Dios*: El creó la nueva naturaleza y nos ha proporcionado los recursos para forjar nuestras nuevas identidades en Cristo.

. . . .

El arrepentimiento es principalmente un cambio de propósito moral, un repentino y a menudo violento revés de la dirección del alma.

~ A. W. Tozer

. . . .

Videoclip: "Son hombres, y les darás su merecido!"
(La incursión del depósito de suministro)

Conclusión

Pregunta: ¿Cómo ayudas a un águila-que-piensa-s que/ ella-es-un-pollo a vivir en su verdadera identidad?

Respuesta: Dígale la verdad. Ayúdelos a despojarse de sí mismos, a renovar su mente, y a ponerse su nuevo ser, día a día, día tras día.

Resumen de la plenaria

- *Enseñe al águila que ella no es y nunca fue un pollo:*
  Despójese del viejo hombre con sus malos deseos.

- *Discipule al águila en el diseño de Dios para la "águilacidad":*
  Renuévese en el espíritu de su mente.

- *Desafíe al águila a empezar a actuar como águila:*
  Vístase del hombre nuevo, creado a la semejanza de Dios.

• •

Tenemos que ser más valientes de lo que pensamos que podemos ser, porque Dios constantemente nos llama a ser más de lo que somos.

~ Madeleine L'Engle

• •

Videoclip: Vaya a liderar el grupo - la 54ª. como la tropa vanguardia en el Fuerte Wagner

Para estudios adicionales

Anderson, Neil T. *The Bondage Breaker*. Eugene, OR: Harvest House Publishers, 1990, 1993, 2000.

Backus, William. *Telling Teach Other the Truth*. Bloomington, MN: Bethany House Publishers, 1985.

Crabb, Larry. *Effective Biblical Counseling: A Model for Helping Caring Christians Become Capable Counselors*. Grand Rapids, MI: Zondervan Publishing House, 1977.

McGee, Robert S. *The Search For Significance: Seeing Your True Worth through God's Eyes*. Nashville, TN: Thomas Nelson, 1987, 2003.

Rothschild, Jennifer. *Self Talk, Soul Talk: What to Say When You Talk to Yourself*. Eugene, OR: Harvest House Publishers, 2007.

Thurman, Chris. *The Lies We Believe: The #1 Cause of Our Unhappiness*. Nashville, TN: Thomas Nelson Publishers, 1989.

Wright, H. Norman. *Self-Talk, Imagery, and Prayer in Counseling*. Waco, TX: Word Books Publisher, 1986.

APÉNDICE

APÉNDICE 1
Treinta y tres bendiciones en Cristo
Rev. Dr. Don L. Davis

¿Sabía usted que le pasaron treinta y tres cosas en el momento en que se convirtió en un creyente de Cristo Jesús? Lewis Sperry Chafer, el primer presidente del Seminario Teológico de Dallas, hizo una lista de los beneficios de la salvación en su *Teología Sistemática, Volumen III* (pp. 234-266). Estos puntos, junto con explicaciones breves, dan al cristiano nacido de nuevo una mejor comprensión de la obra de la gracia lograda en su vida, así como una mayor apreciación de su nueva vida.

1. En el Plan Eterno de Dios, el/la creyente es:

    a. *Preconocido/a* – Hch. 2:23; 1 Pe. 1:2, 20. Dios sabía desde la eternidad cada paso en el programa entero del universo.

    b. *Predestinado/a* – Rom. 8:29-30. El destino de un/a creyente ha sido designado a través de la predestinación hacia la realización infinita de todas las riquezas de la gracia de Dios.

    c. *Elegido/a* – Rom. 8:38; Col. 3:12. Él/ella es elegido por Dios en la era presente y manifestará la gracia de Dios en años futuros.

    d. *Escogido/a* – Ef. 1:4. Dios nos ha apartado para sí mismo.

    e. *Llamado/a* – 1 Tes. 6:24. Dios invita a los hombres a gozar de los beneficios de sus propósitos redentores. Este término puede incluir a aquellos a quien Dios ha elegido para salvación, pero que están aún en su estado degenerado.

2. Un/a creyente ha sido *redimido/a* – Rom. 3:24. El precio requerido para dejarla/le libre de pecado ha sido pagado.

3. Un/a creyente ha sido *reconciliado/a* - 2 Cor. 5:18, 19; Rom. 5:10. Él/ella está restaurado/a en comunión con Dios.

4. Un/a creyente está relacionado con Dios mediante la *propiciación* – Rom. 3:24-26. Él/ella ha sido liberado/a del juicio por la gracia de Dios a través de la muerte de Su Hijo por los pecadores.

5. Un/a creyente ha sido *perdonado/a* sus ofensas – Ef. 1:7. Todos sus pecados del pasado, presente y futuro han sido perdonados.

6. Un/a creyente está vitalmente *unido/a a Cristo* para que el viejo hombre sea juzgado "y emprenda un nuevo andar"- Rom. 6:1-10. Él/ella está unido a Cristo.

7. Un/a creyente está *"libre de la ley"* – Rom. 7:2-6. Él/ella ha muerto a su condenación, y está libre de su jurisdicción.

8. Un/a creyente ha sido hecho/a un *hijo/a de Dios* – Gál. 3:26. Él/ella ha nacido de nuevo por la regeneración del poder del Espíritu Santo en una relación en la que Dios, la primera persona se convierte en un Padre legítimo y el/la que ha sido salvo/a se convierte en un/a hijo/a legítimo/a con todo derecho y título – un/a heredero/a de Dios y unido/a a Cristo Jesús.

9. Un/a creyente ha sido *adoptado/a como un/a hijo/a adulto/a* en la case del Padre – Rom. 8:15, 23.

10. Un/a creyente ha sido *aceptable a Dios* a través de Jesucristo – Ef. 1:6. Él/ella es hecho/a justo/a (Rom. 3:22), santo/a (separado/a) libre (1 Cor. 1:30, 6:11); consagrado/a (Heb. 10:14), y aceptado/a en el reino del Amado (Col. 1:12).

11. Un/a creyente ha sido *justificado/a* – Rom. 5:1. Él/ella ha sido declarado/a justo/a por el decreto de Dios.

12. Un/a creyente está *"hecho/a cercano/a"* – Ef. 2:13. Hay una cercana relación establecida y existe entre Dios y el creyente.

13. Un/a creyente ha sido *librado/a de la potestad de las tinieblas* – Col. 1:13. Un/a cristiano/a ha sido librado/a de Satán y sus espíritus malignos. Sin embargo, el/la discípulo/a debe seguir librando la guerra contra estos poderes.

14. Un/a creyente ha sido *trasladado/a al reino de su Amado Hijo* – Col. 1:13. El cristiano ha sido trasladado del reino de Satán al Reino de Dios.

15. Un/ creyente está *plantado/a sobre la Roca que es Jesucristo* – 1 Cor. 3:9-15. Cristo es el fundamento en el cual el creyente está anclado y en el que construye su vida cristiana.

16. Un/a creyente es un *regalo de Dios el Padre a Jesucristo* – Jn. 17:6, 11, 12, 20. Él/ella es el regalo de amor del Padre a Jesucristo.

17. Un/a creyente está *circuncidado/a en Cristo* – Col. 2:11. Él/ella ha sido liberado/a del poder de su antigua naturaleza pecaminosa.

18. Un/a creyente ha sido hecho/a *partícipe del Santo y Real Sacerdocio* – 1 Pe. 2:5, 9. Él/ella es sacerdote/sacerdotiza por su relación con Cristo, el Gran Sacerdote, y reinará en la tierra con él.

19. Un/a creyente es parte del *linaje escogido, nación santa, pueblo adquirido por Dios* – 1 Pe. 2:9. Esta es la compañía que tienen los creyentes en este tiempo.

20. Un/a creyente es un/a *ciudadano/a del cielo* – Flp. 3:20. Por eso él/ella es llamado/a extranjero/a en la tierra (1 Pe. 2:13), y gozará de su verdadero hogar en el cielo por toda la eternidad.

21. Un/a creyente está en *la familia y de la casa de Dios* – Ef. 2:19. Él/ella es parte de la "familia" de Dios la cual se compone sólo de verdaderos/as creyentes.

22. Un/a creyente está en *la comunión con los santos* – Jn. 17:11, 21-23. Él/ella puede ser parte del compañerismo de los creyentes.

23. Un/a creyente está en *una asociación celestial* – Col. 1:27, 3:1: 2 Cor. 6:1; Col. 1:24; Jn. 14:12-14; Ef. 5:25-27; Ti. 2:13. Él/ella es socio/a con Cristo en su vida, posición, servicio, sufrimiento, oración, desposada como una novia a Cristo, esperando su Segunda Venida.

24. Un/a creyente tiene *acceso a Dios* – Ef. 2:18. Él/ella tiene acceso a la gracia de Dios lo que le permite crecer espiritualmente, y tener un acercamiento libre al Padre (Heb. 4:16).

25. Un/a creyente está dentro *de un cuidado "mucho mayor" de Dios* – Rom. 5:8-10. Él/ella es resultado del amor (Jn. 3:16), gracia (Ef. 2:7-9), poder (Ef. 1:19), fidelidad (Flp. 1:6), paz (Rom. 5:1), consolación (2 Tes. 2:16-17), e intercesión de Dios (Rom. 8:26).

26. Un/a creyente es *herencia de Dios* – Ef. 1:18. Él/ella es dado/a a Cristo como un regalo del Padre.

27. Un/a creyente *tiene la misma herencia de Dios mismo* y todo lo que Dios otorga – 1 Pe. 1:4.

28. Un/a creyente tiene *luz en el Señor* – 2 Cor. 4:6. Él/ella no sólo tiene luz, sino también el mandato de andar en luz.

29. Un/a creyente está *unido/a vitalmente al Padre, al Hijo, y al Espíritu Santo* – 1 Tes. 1:1; Ef. 4:6; Rom. 8:1; Jn. 14:20; Rom. 8:9; 1 Cor. 2:12.

30. Un/a creyente es bendecido/a con *las arras o primeros frutos del Espíritu* – Ef. 1:14; Rom. 8:23. Él/ella es nacido/a en el Espíritu (Jn. 3:6), y bautizado/a por el Espíritu (1 Cor. 12:13) por el cual el/la creyente es unido/a al cuerpo de Cristo y está en Cristo, por lo tanto es parte de todo lo que Cristo es. El/La discípulo/a también es habitado/a por el Espíritu (Rom. 8:9), es sellado/a por el Espíritu (2 Cor. 1:22), asegurándose eternamente su condición, y es lleno/a del Espíritu (Ef. 5:18) cuyo ministerio libera su Poder y efectividad en el corazón en que mora.

31. Un/a creyente es *glorificado/a* – Rom. 8:18. Él/ella será partícipe de la historia eterna de la divinidad.

32. Un/a creyente está *completo/a en Dios* – Col. 2:9, 10. Él/ella participa de todo lo que Cristo es.

33. Un/a creyente es *poseedor/a de toda bendición espiritual* – Ef. 1:3. Toda la riqueza catalogada en los otros treinta y dos puntos antes mencionados pueden resumirse en esta expresión definitiva: "toda bendición espiritual".

Difícilmente estaría mal volver a exponer la verdad que la salvación es una obra de Dios para el hombre y no una obra para Dios. Es lo que el amor de Dios lo incita a hacer y no un mero acto de compasión que rescata las criaturas de su miseria. Para darse cuenta de la satisfacción de su amor, Dios se dispuso a quitar (por medio de un sacrificio infinito) la barrera insuperable que el pecado nos había impuesto. A la vez, Él está venciendo la oposición maligna hacia su gracia, oposición que es una característica de la raza caída. Pero Dios está inclinando a los elegidos a que ejerciten su fe en Cristo. Una vez que el camino queda sin obstáculos, Dios tiene la libertad de hacer todo lo que su infinito amor dicta. El estudiante que tiene la ambición de ser preciso en la predicación del evangelio no solamente observa, sino que siempre luchará por la verdad que todas estas riquezas son puramente una obra de Dios, y que para asegurarlas el individuo no debe hacer más que recibir de la mano de

Dios lo que Él quiere darle a través de Jesucristo. Aquellos que creen en Cristo en el sentido que lo reciben (Jn. 1.12) como su Salvador, reciben instantáneamente todo lo que el amor divino provee. Estas treinta y tres posiciones y posesiones no son otorgadas a través de un proceso, sino simultáneamente. No requieren un período de tiempo para su ejecución; sino que son operadas al instante. Ellos marcan la diferencia entre alguien salvo y alguien no salvo.

> *"¡Cuán deudor soy a la gracia,*
> *diario siento este deber!*
> *¡Tu bondad, como una cuerda,*
> *Ligue mi alma errante a Ti!"*

APÉNDICE 2

Enfoques sustitutos para una visión Cristo-céntrica: Cosas buenas y efectos que nuestra cultura sustituye como la meta máxima

Rev. Dr. Don L. Davis

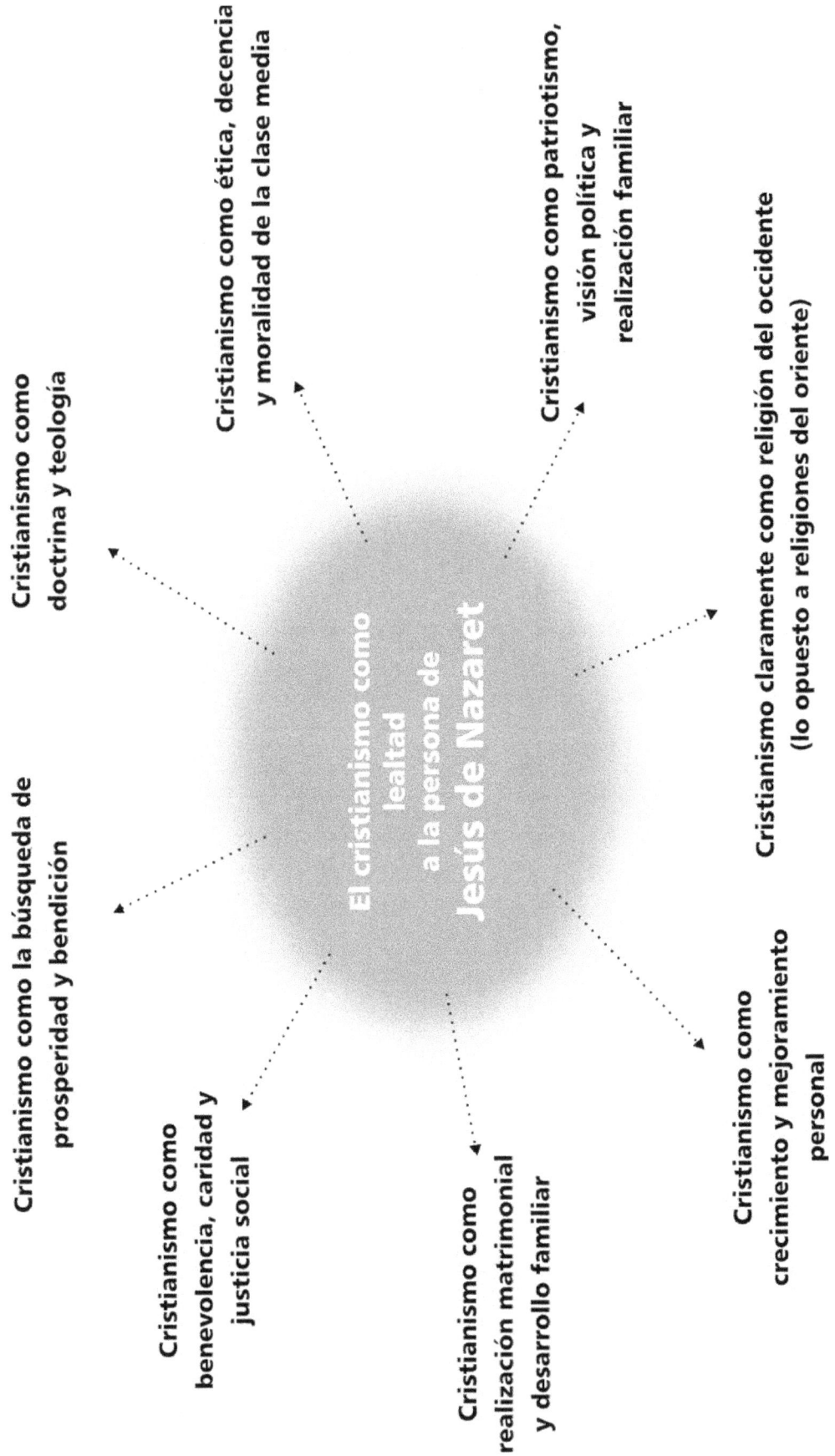

El cristianismo como lealtad a la persona de Jesús de Nazaret

Cristianismo como ética, decencia y moralidad de la clase media

Cristianismo como patriotismo, visión política y realización familiar

Cristianismo como doctrina y teología

Cristianismo claramente como religión del occidente (lo opuesto a religiones del oriente)

Cristianismo como la búsqueda de prosperidad y bendición

Cristianismo como benevolencia, caridad y justicia social

Cristianismo como realización matrimonial y desarrollo familiar

Cristianismo como crecimiento y mejoramiento personal

APÉNDICE 3
Desde la ignorancia hasta el testimonio creíble
Rev. Dr. Don L. Davis

Testimonio - Habilidad para testificar y enseñar
2 Ti. 2:2
Mt. 28:18-20
1 Jn. 1:1-4
Pr. 20:6
2 Co. 5:18-21

*Lo que has oído de mí ante muchos testigos,
esto encarga a hombres fieles que sean idóneos
para enseñar también a otros.*
~ 2 Ti. 2:2

8

Estilo de vida - Apropiación consistente y práctica habitual, basadas en valores propios
Heb. 5:11-6:2
Ef. 4:11-16
2 Pe. 3:18
1 Ti. 4:7-10

*Y Jesús crecía en sabiduría y en estatura,
y en gracia para con Dios y los hombres.*
~ Lc. 2:52

7

Demostración - Expresar convicción en conducta, palabras y acciones correspondientes
Stg. 2:14-26
2 Co. 4:13
2 Pe. 1:5-9
1 Ts. 1:3-10

Mas en su palabra echaré la red.
~ Lc. 5:5

6

Convicción - Comprometerse a pensar, hablar y actuar a la luz de la información
Heb. 2:3-4
Heb. 11:1, 6
Heb. 3:15-19
Heb. 4:2-6

¿Crees esto?
~ Jn. 11:26

5

Discernimiento - Comprender el significado e implicación de la información
Jn. 16:13
Ef. 1:15-18
Col. 1:9-10
Is. 6:10; 29:10

Pero ¿entiendes lo que lees?
~ Hch. 8:30

4

Conocimiento - Tener habilidad creciente para recordar y recitar información
2 Ti. 3:16-17
1 Co. 2:9-16
1 Jn. 2:20-27
Jn. 14:26

Porque ¿qué dice la Escritura?
~ Ro. 4:3

3

Interés - Responder a ideas o información con curiosidad, sensibilidad y franqueza
Sal. 42:1-2
Hch. 9:4-5
Jn. 12:21
1 Sm. 3:4-10

Ya te oiremos acerca de esto otra vez.
~ Hch. 17:32

2

Conciencia - Ser expuesto de forma general a ideas e información
Mc. 7:6-8
Hch. 19:1-7
Jn. 5:39-40
Mt. 7:21-23

*En aquel tiempo Herodes el tetrarca
oyó la fama de Jesús.*
~ Mt. 14:1

1

Ignorancia - Comportarse con ingenuidad
Ef. 4:17-19
Sal. 2:1-3
Ro. 1:21; 2:19
1 Jn. 2:11

*¿Quién es el SEÑOR para que yo
escuche su voz y deje ir a Israel?*
~ Ex. 5:2

0

APÉNDICE 4
En Cristo
Rev. Dr. Don L. Davis

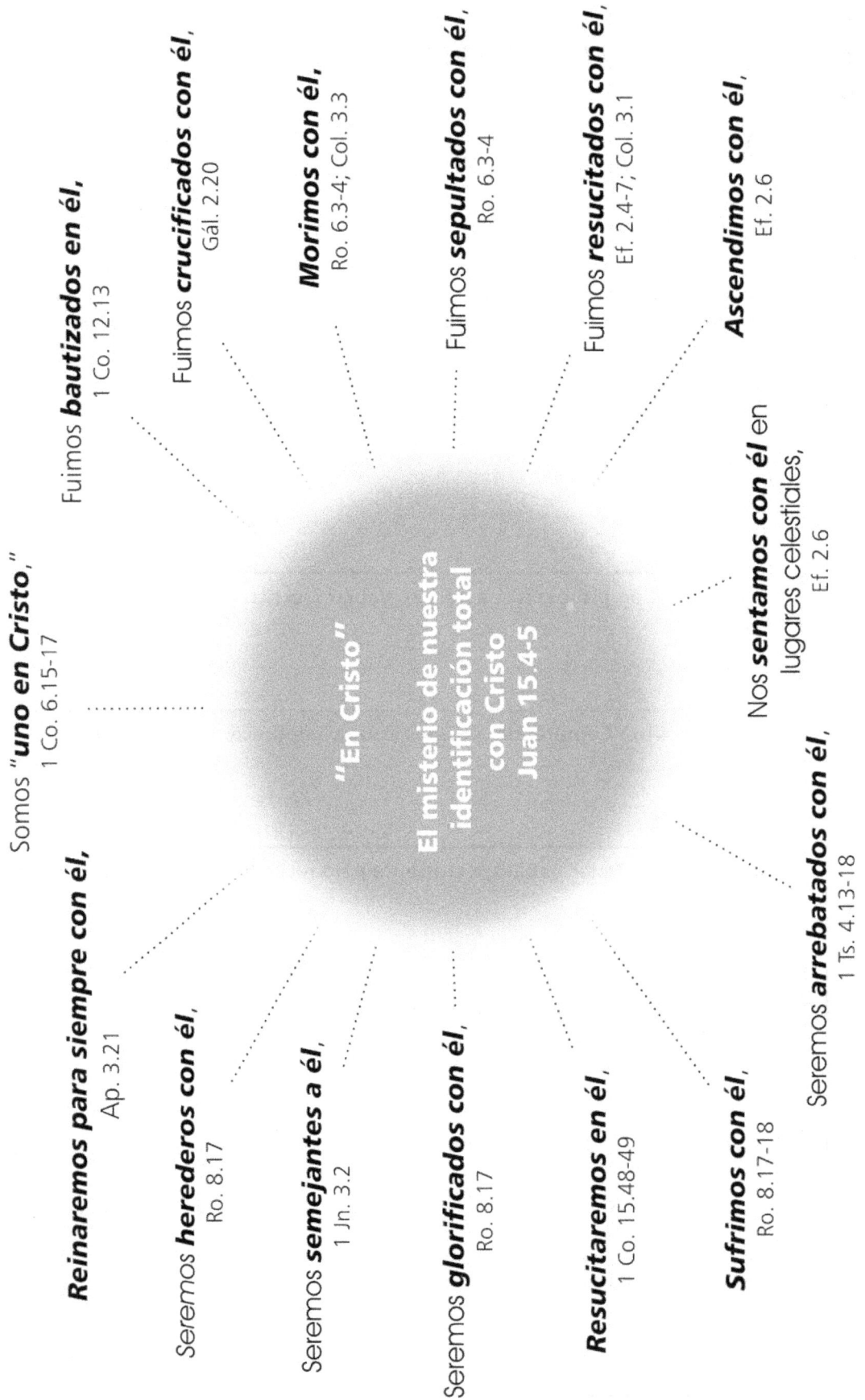

"En Cristo"
El misterio de nuestra identificación total con Cristo
Juan 15.4-5

Fuimos **bautizados en él,**
1 Co. 12.13

Fuimos **crucificados con él,**
Gál. 2.20

Morimos con él,
Ro. 6.3-4; Col. 3.3

Fuimos **sepultados con él,**
Ro. 6.3-4

Fuimos **resucitados con él,**
Ef. 2.4-7; Col. 3.1

Ascendimos con él,
Ef. 2.6

Nos **sentamos con él** en lugares celestiales,
Ef. 2.6

Seremos **arrebatados con él,**
1 Ts. 4.13-18

Sufrimos con él,
Ro. 8.17-18

Resucitaremos en él,
1 Co. 15.48-49

Seremos **glorificados con él,**
Ro. 8.17

Seremos **semejantes a él,**
1 Jn. 3.2

Seremos **herederos con él,**
Ro. 8.17

Reinaremos para siempre con él,
Ap. 3.21

Somos **"uno en Cristo,"**
1 Co. 6.15-17

APÉNDICE 5

Hacia una hermenéutica de compromiso crucial

Rev. Dr. Don L. Davis

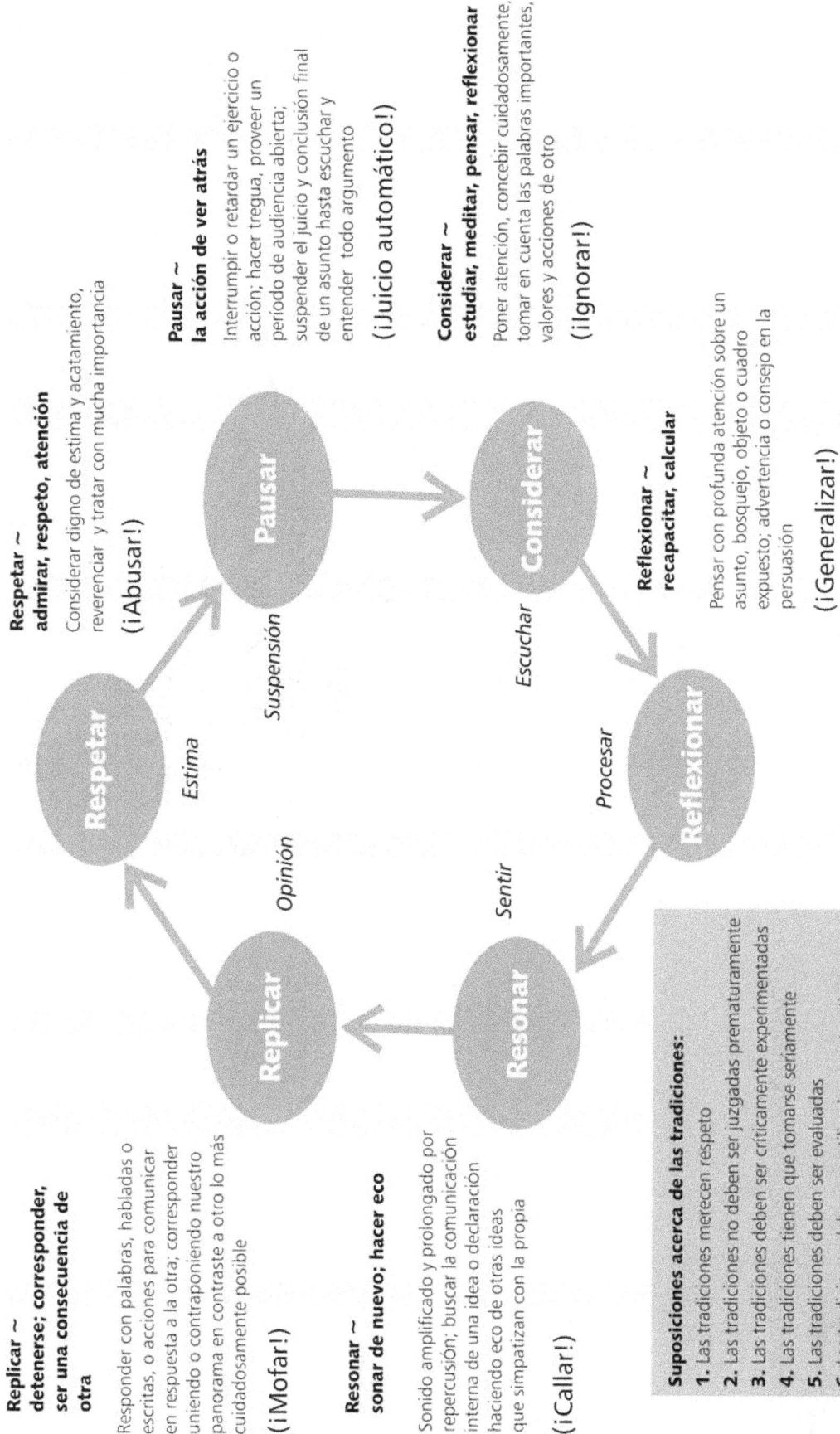

Respetar ~
admirar, respeto, atención

Considerar digno de estima y acatamiento, reverenciar y tratar con mucha importancia

(¡Abusar!)

Pausar ~
la acción de ver atrás

Interrumpir o retardar un ejercicio o acción; hacer tregua, proveer un periodo de audiencia abierta; suspender el juicio y conclusión final de un asunto hasta escuchar y entender todo argumento

(¡Juicio automático!)

Considerar ~
estudiar, meditar, pensar, reflexionar

Poner atención, concebir cuidadosamente, tomar en cuenta las palabras importantes, valores y acciones de otro

(¡Ignorar!)

Reflexionar ~
recapacitar, calcular

Pensar con profunda atención sobre un asunto, bosquejo, objeto o cuadro expuesto; advertencia o consejo en la persuasión

(¡Generalizar!)

Replicar ~
detenerse; corresponder, ser una consecuencia de otra

Responder con palabras, habladas o escritas, o acciones para comunicar en respuesta a la otra; corresponder uniendo o contraponiendo nuestro panorama en contraste a otro lo más cuidadosamente posible

(¡Mofar!)

Resonar ~
sonar de nuevo; hacer eco

Sonido amplificado y prolongado por repercusión; buscar la comunicación interna de una idea o declaración haciendo eco de otras ideas que simpatizan con la propia

(¡Callar!)

Pausar · Considerar · Reflexionar · Resonar · Replicar · Respetar

Suspensión · Escuchar · Procesar · Sentir · Opinión · Estima

Suposiciones acerca de las tradiciones:

1. Las tradiciones merecen respeto
2. Las tradiciones no deben ser juzgadas prematuramente
3. Las tradiciones deben ser críticamente experimentadas
4. Las tradiciones tienen que tomarse seriamente
5. Las tradiciones deben ser evaluadas
6. Las tradiciones deben ser utilizadas constructivamente

APÉNDICE 6
La joroba
Rev. Dr. Don L. Davis • 1 Timoteo 4:9-16; Hebreos 5:11-14

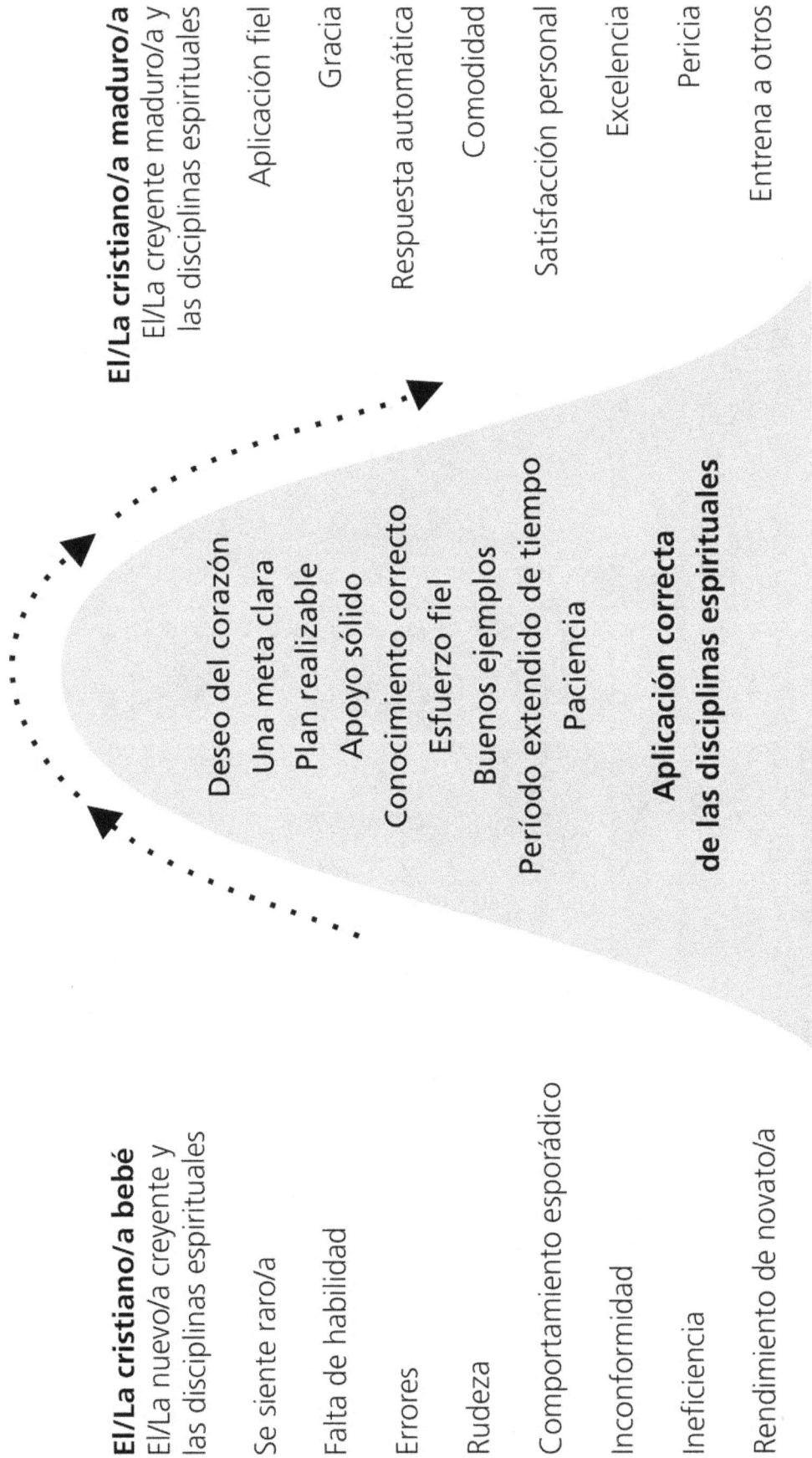

El/La cristiano/a maduro/a
El/La creyente maduro/a y
las disciplinas espirituales

Aplicación fiel

Gracia

Respuesta automática

Comodidad

Satisfacción personal

Excelencia

Pericia

Entrena a otros

Deseo del corazón
Una meta clara
Plan realizable
Apoyo sólido
Conocimiento correcto
Esfuerzo fiel
Buenos ejemplos
Período extendido de tiempo
Paciencia

**Aplicación correcta
de las disciplinas espirituales**

El/La cristiano/a bebé
El/La nuevo/a creyente y
las disciplinas espirituales

Se siente raro/a

Falta de habilidad

Errores

Rudeza

Comportamiento esporádico

Inconformidad

Ineficiencia

Rendimiento de novato/a

www.ingramcontent.com/pod-product-compliance
Lightning Source LLC
Chambersburg PA
CBHW081538040426
42447CB00014B/3419